CÓMO HABLAR CON CUALQUIERA

9 CONSEJOS SECRETOS PARA MEJORAR LA COMUNICACIÓN, LAS CHARLAS, DOMINAR LAS HABILIDADES SOCIALES Y TENER CONVERSACIONES INTERESANTES

CHASE HILL

Copyright © 2024 by Chase Hill

All rights reserved.

The content contained within this book may not be reproduced, duplicated or transmitted without direct written permission from the author or the publisher.

Under no circumstances will any blame or legal responsibility be held against the publisher, or author, for any damages, reparation, or monetary loss due to the information contained within this book. Either directly or indirectly.

Legal Notice:

This book is copyright protected. This book is only for personal use. You cannot amend, distribute, sell, use, quote or paraphrase any part, or the content within this book, without the consent of the author or publisher.

Disclaimer Notice:

Please note the information contained within this document is for educational and entertainment purposes only. All effort has been executed to present accurate, up to date, and reliable, complete information. No warranties of any kind are declared or implied. Readers acknowledge that the author is not engaging in the rendering of legal, financial, medical or professional advice. The content within this book has been derived from various sources. Please consult a licensed professional before attempting any techniques outlined in this book.

By reading this document, the reader agrees that under no circumstances is the author responsible for any losses, direct or indirect, which are incurred as a result of the use of information contained within this document, including, but not limited to, — errors, omissions, or inaccuracies.

ÍNDICE

Introducción	5
Capítulo 1: El pilar social del que no puedes prescindir	11
Capítulo 2: Cómo sentar las bases para tener confianza en ti mismo	26
Capítulo 3: Comunicación no verbal básica – La ciencia del lenguaje corporal	49
Capítulo 4: Cómo sintonizar con lo que dicen los demás	64
Capítulo 5: Primeras impresiones y el comienzo de la conversación	81
Capítulo 6: Una clase magistral de conversación	95
Capítulo 7: ¿La amas? ¿La odias? La necesitas de verdad - Las bases de la charla trivial	115
Capítulo 8: El orden a partir del caos	130
Capítulo 9: El factor del interés	145
Capítulo 10: Conversaciones y conexiones significativas	162
Conclusión	173
Bibliografía	177

INTRODUCCIÓN

Estás en una fiesta junto a otras tres o cuatro personas. No logras articular palabra. Tus manos no paran de temblar y, por mucho que intentes seguir el ritmo de la conversación, siempre te quedas atrás. Para empeorar las cosas, te ríes en los momentos equivocados, y esto no hace más que hacerte sentir que todo el mundo se burla de ti. ¡Lo único que puedes hacer es marcharte!

¿Cuántas veces has oído que los humanos somos seres sociales? ¿Comenzó cuando estabas en el colegio o en la universidad? O quizás el concepto te haya aparecido en charlas TED o en algún podcast que hayas escuchado recientemente. ¡YouTube está repleto de videos con consejos prácticos para comunicarse con confianza! ¡Y no me hagas hablar de las redes sociales y los constantes recordatorios de nuestra necesidad de socializar! ¿Acaso no hacen que parezca fácil?

Esta insistencia y presión para que seamos sociales no es nada nuevo. Ya lo decía Aristóteles: "El hombre es, por naturaleza, un animal social". Pero ¿qué quiso decir realmente con esto? Sus palabras probablemente implicaban que a la sociedad le iría mejor siendo civilizada, lo que sigue siendo cierto hoy en día. Sin embargo, hay una gran diferencia entre ser civilizado y ser social.

Los neurocientíficos están de acuerdo en tres cosas. En primer lugar, nuestros cerebros están programados para conectarse; en segundo lugar, los seres humanos somos increíblemente complejos; y, en tercer lugar, la capacidad de ser social es un elemento crucial en nuestras vidas.

Independientemente de tu formación y de la etapa de tu vida en la que te encuentres, siempre tendrás la necesidad de socializar y comunicarte, ya sea con tu pareja, un docente o tus compañeros de trabajo.

El comportamiento social es un proceso bidireccional. Tomemos como ejemplo la empatía. A lo largo de la historia, los científicos han intentado comprender mejor el comportamiento social observando a un individuo. No obstante, la empatía es una emoción que requiere la participación del individuo empático y de la persona hacia la que se muestra empatía. Dicho esto, para que las interacciones sean exitosas, ambas partes deben mostrar empatía, de lo contrario, solo una persona será capaz de comprender plenamente.

Gracias a las interacciones sociales, podemos aprender más sobre nosotros mismos y sobre el mundo en el que vivimos. A nivel individual, el comportamiento social influye en todo, desde cómo nos vestimos hasta cómo comemos y cómo hablamos con los demás.

A mayor escala, nuestras interacciones transmiten aspectos relacionados con la cultura y las normas de la vida a los demás. Llevar a un niño a un restaurante, por ejemplo, le enseña a comer correctamente y a pedir la comida con educación. Imagina entrar en un restaurante donde todos mastican con la boca abierta. Todos estos pequeños detalles, que marcan una diferencia tan significativa, se aprenden a través de nuestras interacciones sociales.

Ahora bien, cabe preguntarse si nuestras interacciones sociales provienen de la naturaleza o de la crianza. Los estudios sobre gemelos han demostrado que la naturaleza influye significativamente en nuestras interacciones sociales. Un ejemplo es el de las gemelas Elyse Schein y Paula Bernstein, que, a pesar de haber sido separadas al nacer y haberse reencontrado 35 años después, compartían las mismas expresiones faciales y gestos (además del aspecto).

Sin embargo, cuando un estadounidense se traslada a un país europeo y pasa allí el tiempo suficiente, al regresar a los Estados Unidos se encuentra dando dos besos a todo el mundo en vez de un apretón de manos o un abrazo. Así pues, la educación y nuestro entorno también determinan el comportamiento social.

En casos extremos, el aislamiento total de la sociedad ha puesto de manifiesto la importancia de nuestras interacciones.

Isabelle fue una niña de 6 años encontrada hace más de medio siglo. Ella y su madre vivían solas en una habitación oscura de su casa. Su madre era muda y las dos solo se comunicaban con algunos gestos sencillos.

Cuando la encontraron, el comportamiento de Isabelle era similar al de un animal salvaje y, en algunas situaciones, se parecía más al de una niña de seis meses. Isabelle necesitó años de intenso entrenamiento y apoyo para poder comunicarse al mismo nivel que una niña de su edad (Davis, 1947).

Con suerte, no habrás llegado a esta fase de aislamiento extremo; sin embargo, eso no quita que tengas un grave problema en lo que se refiere a tus interacciones sociales.

"Qué vacía e ineficaz puede llegar a ser, en su mayor parte, nuestra conversación cotidiana. La superficie se encuentra con la superficie. Cuando nuestra vida deja de ser íntima y privada, la conversación se transforma en meras habladurías".

— *HENRY DAVID THOREAU*

Las interacciones sociales pueden parecerse a lo que describió Thoreau: conversaciones superficiales y sin sentido, sin una verdadera conexión. Para algunos, la falta de habilidades comunicativas, ya sea hablando, escuchando o con el lenguaje corporal, hace que relacionarse con la gente resulte frustrantemente imposible. Si esto te ocurre, puede que sientas que otros hablan por encima tuyo, te interrumpen o simplemente te ignoran.

Al principio, puedes pensar que estos problemas de comunicación no afectan demasiado tu vida. No obstante, al final acabas dándote cuenta de lo tímido que te estás volviendo y rechazas invitaciones porque te resulta más fácil evitar las reuniones sociales. Antes de que te des cuenta, incluso pensar en interacciones sociales te genera tanta ansiedad que te quedas paralizado.

El miedo se repite una y otra vez en tu cabeza y empiezas a decirte a ti mismo que eres estúpido. Como resultado, tu confianza y tu autoestima comienzan a deteriorarse.

Para colmo, en realidad eres muy inteligente, tienes grandes ideas y eres hábil para resolver problemas y tomar decisiones, aspectos que constituyen habilidades esenciales para la vida. Sin embargo, desde este lugar de duda, no consigues transmitir tus ideas y puntos de vista. Así es que las repercusiones continúan cuando un proyecto va mal en el trabajo o tomas una decisión importante en casa y no logras expresar tus preocupaciones.

Lo que al principio puede parecer una falta de habilidades de comunicación puede llevar a que otras personas tomen decisiones importantes y, básicamente, dirijan tu vida por ti.

Lo que se puede aprender, se puede desaprender. Tu cerebro ha creado conexiones que te dicen constantemente que no puedes comunicarte bien o socializar. Pese a esto, es posible reconfigurar estos pensamientos y aprender a mejorar la comunicación, a ser más asertivo y a entender esas señales sociales tan importantes.

Al comprender cómo funciona el cerebro y cómo reacciona el cuerpo durante la ansiedad, podrás controlar tus pensamientos y emociones. A partir de ahí, aprenderás cómo funciona la comunicación eficaz y cómo adquirir confianza y asertividad en tus interacciones. Romper tus barreras comunicativas te permitirá mantener conversaciones profundas y significativas con quien quieras sin sentirte incómodo o insignificante.

Personalmente, he tenido bastantes fracasos en materia de interacción social. De algunos me puedo reír. Como me encanta viajar, he experimentado de primera mano lo que es no poder comunicarse y la confusión que esto genera. Otras experiencias tuvieron repercusiones duraderas en mi vida. Al ser tímido y algo pasivo, dejé que otras personas se aprovecharan de mi falta de habilidades, y esto me hizo miserable.

Sin embargo, todo cambió hace más de una década, cuando decidí dar un giro drástico a mi carrera y empecé a investigar sobre psicología, asertividad, límites y habilidades de comunicación saludables. Mi fascinación por la mente humana me llevó a convertirme en coach de vida especializado en crecimiento personal, gestión del estrés e interacciones sociales.

Tras la increíble recepción de mi primer bestseller, *Cómo dejar de pensar demasiado*, supe que podía ayudar a más personas compartiendo mi experiencia personal y mis conocimientos.

Lo que estás a punto de aprender ha sido probado y demostrado tanto por mí como por cientos de clientes que ahora llevan una vida más plena, alcanzan sus metas y disfrutan de relaciones más profundas. Todos tuvieron sus desafíos, pero lograron superarlos con la guía adecuada, y tú también lo harás.

Tanto si estás estudiando, trabajando, empleando a otras personas, curando heridas sentimentales o formando una familia, mejorar tus habilidades de comunicación te resultará muy valioso en todos los niveles y será imprescindible para tu felicidad. Antes de adentrarnos de lleno en este arsenal de técnicas y estrategias, es necesario analizar más de cerca el papel de la comunicación en la sociedad.

CAPÍTULO 1: EL PILAR SOCIAL DEL QUE NO PUEDES PRESCINDIR

"El mayor problema de la comunicación es la ilusión de que se ha producido".

— *GEORGE BERNARD SHAW*

Resulta útil entender la socialización como una serie de etapas finalizadas mediante un ciclo repetido. La socialización primaria comienza con el nacimiento y es la base de nuestra comunicación social. Todas las personas que intervienen en la vida de un niño desempeñan un papel en el desarrollo de su personalidad y de sus primeras habilidades sociales, como el contacto visual, la capacidad de escucha y el aprendizaje del lenguaje.

A medida que el niño crece, aumentan los factores que influyen tanto en su personalidad como en su comportamiento social. No estoy en contra de la tecnología en absoluto, pero el mal uso de Internet puede animar a los adolescentes a alejarse de la ética y la moral que les inculcaron sus padres.

Durante la etapa secundaria de la socialización, las personas empiezan a alejarse de las influencias familiares y a descubrir sus propios valores. Gran parte de esto ocurre en entornos educativos y con la madurez. De esta manera, los adolescentes mayores se apartan de la presión de grupo y defienden sus propias ideologías en sus círculos personales.

La etapa de practicar habilidades sociales y descubrir qué funciona y qué no, se conoce como socialización evolutiva. Dicho de otra manera, reforzamos las habilidades que funcionan y abandonamos las que no. A esto le sigue la socialización anticipatoria, en la que se forma nuestro estilo definitivo de comunicación y las personas entienden cómo se construyen las relaciones.

A lo largo de la vida, podemos experimentar varias resocializaciones, un proceso en el que desechamos los hábitos de comunicación habituales en favor de otros nuevos que son necesarios en ese momento. Parece agotador, pero es algo bueno. Así pues, lo que se puede aprender, se puede desaprender; este ciclo continuo de cambio hace que todos podamos cambiar nuestro estilo de comunicación, nuestras habilidades sociales y, esencialmente, nuestra personalidad.

Entonces, ¿cómo se relaciona aquí la comunicación?

El pilar social del que no puedes prescindir

La capacidad social de nuestro cerebro ha evolucionado. Los humanos no siempre hemos estado en la cima de la cadena alimenticia. Pensemos en los primeros tiempos de la humanidad, cuando los humanos se enfrentaban a depredadores más grandes y fuertes. Por ejemplo, imagina el enfrentamiento de un hombre contra un tigre. Este último tiene mucha más ventaja, ¿verdad? Ahora piensa en un grupo de hombres contra un tigre. ¿Acaso el hombre no tiene más posibilidades de sobrevivir ahora? El ser humano aprendió rápidamente la importancia de la cooperación y la comunicación para crear una comunidad.

Es la evolución social y nuestra necesidad de comunicarnos a fin de crear comunidades lo que nos ha hecho avanzar como especie. Sin ese fuerte deseo de comunicarnos, tal vez no hubiéramos desarrollado algunas de las tecnologías que hoy en día nos favorecen.

Desde la invención de la imprenta, los seres humanos se han esforzado por inventar nuevas formas de comunicarse. La primera vez que salí de casa y me fui de viaje, me entusiasmó la idea de poder enviar correos electrónicos a amigos y familiares. Hoy podemos hacer videollamadas gratis con cualquier persona del mundo.

No obstante, sin habilidades comunicativas, estas nuevas tecnologías no resultan muy fructíferas.

La importancia de las habilidades comunicativas en nuestra vida

Recientemente, navegando por las redes sociales para matar el tiempo, vi un video de un niño sentado en el regazo de su madre. El título era "Mira lo que pasa cuando oye la voz de su mamá por primera vez". Un médico le estaba colocando un audífono, y se notaba que al niño le resultaba incómodo y un poco raro.

No hay forma de describir la expresión de este niño cuando oyó la voz de su madre por primera vez. Fue puro placer y consuelo instantáneo, lo cual no es más que una muestra de por qué la comunicación es esencial para todos nosotros.

Así es como desarrollamos nuestras relaciones, resolvemos conflictos y comprendemos mejor a los demás y a nosotros mismos. Así intercambiamos información, aprendemos y crecemos como personas.

Si crees que tu éxito depende de tu inteligencia, quizás te sorprenda descubrir que es todo lo contrario. Aproximadamente el 85% del éxito se atribuye a la capacidad de comunicarse correctamente. El 15% restante se debe a tus habilidades laborales (El mundo científico, 2020).

Tener una sólida capacidad de comunicación contribuye a mejorar tanto las relaciones profesionales como personales gracias a que nos permite transmitir nuestras ideas, puntos de vista y valores.

Tenemos que darnos cuenta de que vivimos en un mundo muy diverso, y ser capaces de comunicarnos eficazmente nos permite apreciar las diferentes opiniones. ¿Cuántos de los problemas del mundo podrían resolverse aceptando nuestras diferencias?

Las habilidades comunicativas que vayamos desarrollando serán fundamentales para poder empezar a acceder a nuestras habilidades sociales y mejorarlas. Cuando empiezas un puzzle, siempre vas primero por las esquinas y los bordes, ¿cierto?

Una vez que tengas esta estructura, podrás empezar a

completar el interior que, en este caso, corresponde a tus habilidades sociales.

Las habilidades sociales más allá de la comunicación

Aprendemos distintas habilidades sociales en diferentes etapas de nuestra vida. Por ejemplo, cuando somos niños aprendemos a esperar turnos, compartir y seguir instrucciones. En la adolescencia, desarrollamos la paciencia, la empatía y el respeto por los límites de los demás.

En la edad adulta, normalmente nos toca dominar estas habilidades para poder regular nuestras emociones, resolver problemas y conflictos y desarrollar nuestras relaciones en diversas circunstancias.

Nuestras habilidades e interacciones sociales son imprescindibles, y no solo porque nuestro cerebro las necesite. Puede que ahora mismo sientas que tus interacciones sociales son la causa de tu estrés, pero, de hecho, estar rodeado de gente reduce el nivel de cortisol, que es la hormona causante de este problema. Los niveles elevados de estrés pueden provocar problemas de salud como enfermedades cardíacas. Los estudios han demostrado incluso que las personas cuyas relaciones sociales son más escasas mueren más jóvenes (Berkman & Syme, 1979).

El cerebro funciona mejor cuando no estamos solos. Las idas y venidas de una conversación bidireccional son más fáciles de procesar para el cerebro que una conversación con uno mismo.

Es más, esas interacciones sociales con personas que nos vuelven locos en realidad nos ayudan a crecer. Esas personas con las que no siempre estamos de acuerdo amplían nuestro abanico de emociones. Asimismo, sentirnos frustrados amplía nuestra capacidad de sentirnos bien.

La comunicación constituye solo una parte de nuestras habilidades sociales. Veamos cómo otras aptitudes a la hora de relacionarnos resultan vitales para llevar una vida feliz y llena de éxitos.

La comunicación solo es eficaz si la otra parte escucha activamente, algo que no siempre ocurre. En ocasiones, hay gente que suele hacer suposiciones e intentar adivinar lo que va a decir la otra persona, de modo que, en lugar de dejar que el interlocutor termine de decir lo que tiene que decir, simplemente interrumpe.

Cuando la gente escucha activamente, está en mejores condiciones de emitir y aceptar valoraciones. Escuchar los consejos de los superiores permite crecer profesionalmente. Ser capaz de aportar feedback a los miembros de tu equipo de la manera adecuada conduce a resultados satisfactorios. Sin embargo, el feedback no se limita al lugar de trabajo. A veces, nuestros amigos, familiares e incluso nuestros hijos necesitan que alguien los oriente de forma amable y constructiva.

Todos los días nos enfrentamos a problemas que resolver y decisiones que tomar. La gente necesita poder hablar de estas cosas y escuchar distintos puntos de vista para tomar las decisiones correctas. Tener una buena capacidad de resolución de problemas permite tomar la iniciativa de forma más eficaz.

En un mundo que a menudo parece salirse de control, la bondad y la tolerancia resultan un tanto escasas. La empatía y las conexiones emocionales profundas conectan a las personas, generan comportamientos prosociales y reducen la agresividad, el acoso, el racismo y los juicios de valor. Los psicólogos y neurólogos prestan mucha atención a lo que a menudo se considera el valor más importante de la sociedad.

Las habilidades sociales no se limitan a lo que decimos y oímos. Nuestros gestos sociales no verbales revelan el mensaje que intentamos transmitir. Imagina que haces una presentación de un nuevo producto, pero te tiemblan las manos y se te van los ojos de un lado a otro. Tus nervios podrían interpretarse como una falta de confianza en tu propia presentación.

En cambio, si en una entrevista te sientas recto, no te mueves, sonríes y mantienes el contacto visual, tu lenguaje corporal transmitirá el mismo mensaje positivo que tu currículum.

Los estudios arrojan cifras variables, pero hasta el 90% de nuestra comunicación se produce a través del lenguaje corporal (Thompson, 2011). Cosas como nuestra postura, las expresiones faciales y los gestos, permiten que los demás perciban mejor nuestros verdaderos sentimientos y problemas, que con frecuencia no se transmiten a través de las palabras.

Al fijarnos en la importancia de todas estas habilidades sociales, conseguimos ver el panorama completo. Comprender con precisión el lenguaje corporal y los gestos y escuchar asertivamente conduce a una comunicación profunda y significativa. Cuando percibimos el panorama completo de una situación, nos volvemos capaces de dar una respuesta adecuada, tanto en palabras como en emociones.

Teniendo en cuenta la importancia de la comunicación y las habilidades sociales, nos enfrentamos a dos problemas. El primero se remonta a las sabias palabras de George Bernard Shaw. Muchas veces, suponemos que se ha producido una comunicación eficaz pero, en realidad, el mensaje no se ha transmitido correctamente o no se ha interpretado con exactitud.

Analicemos el alcance de este problema. Le dices a tu pareja que quieres un filete para cenar, pero no te ha escuchado bien y en su lugar ha pedido comida china. Tu pareja, pensando que estaba haciendo algo positivo, pide tu plato favorito, pero el camarero se equivoca al anotarlo. Al recibir el pedido para llevar, te llevas una sorpresa y te enfadas porque tu pareja "nunca" te escucha, y empieza la discusión.

El segundo problema es que no nacemos con habilidades sociales naturales a pesar de ser una especie social. Por definición, dichas habilidades las desarrollamos a través de las interacciones sociales y, aunque esto empieza tan pronto como nacemos, tardamos muchísimo tiempo en dominarlas.

Lo irónico es que nuestra formación en comunicación y habilidades sociales se centra en dos componentes que representan la menor parte de la comunicación. Aparte del lenguaje corporal, tenemos la lectura, la escritura, el habla y la escucha. Para la mayoría, el habla y el lenguaje se desarrollan de forma natural con cierta educación lingüística a lo largo de la etapa escolar. Esto supone el 30% de la comunicación.

Tanto la lectura como la escritura son enseñadas por los padres, los profesores o una combinación de ambos. Aquí tenemos el 16% y el 9% respectivamente.

¡Y se pone mejor! Una persona promedio puede hablar entre 125 y 175 palabras por minuto; sin embargo, somos capaces de escuchar hasta 450 palabras por minuto (Steiger, 2019). Dicho esto, escuchar representa el 45% de la comunicación, por lo que resulta irónico que esta habilidad rara vez se enseñe.

Y esta es solo una de las razones por las que falla la comunicación.

Por qué la comunicación no resulta como esperábamos

Es fácil culpar al oyente de los fallos en la comunicación, pero la cosa aquí es de a dos. A algunas personas les cuesta prestar atención y su mente se desvía en lugar de escuchar activamente. Por otro lado, puede que sea la forma de transmitir el mensaje lo que afecte al oyente.

Hay algo que se llama pseudoescucha, un término que designa la ausencia de escucha real. Esto ocurre cuando la gente tiene demasiadas cosas en la cabeza, está tratando de hacer varias cosas a la vez o escucha solo porque no quiere ofender a su interlocutor. Sin embargo, lo cierto es que el mensaje no acaba llegando.

Los pseudooyentes pueden pensar que ya tienen suficiente información sobre el tema, por lo que no se esfuerzan en escuchar activamente. Otros caen en esta trampa porque están demasiado ocupados buscando fallos o errores para demostrar que el orador está equivocado.

La elección de las palabras y las estructuras gramaticales influyen en la interpretación de un mensaje. Los errores en el vocabulario o en la formulación de las frases pueden confundir al oyente. En ocasiones, también ocurre que se elige un lenguaje más complejo de lo necesario y el oyente se desconecta o aburre.

Habrá ocasiones en las que la comunicación no salga según lo planeado por culpa del ego de alguien. La gente está tan empeñada en tener razón que la lógica, la sensatez y la capacidad de compromiso desaparecen por completo. Este empeño en tener razón nos impide escuchar y mostrar empatía.

Debo confesar que, si hay algo que me impide escuchar, es la falta de modales. Cuando las personas intentan transmitir su punto de vista de forma agresiva o irrespetuosa, resulta muy difícil centrarse en lo que se está diciendo. ¡La manera en la que comunicamos distrae! Es de esta manera que la falta de respeto lleva a la gente a alejarse de ciertas situaciones e incluso acontecimientos sociales.

Además de la forma en la que se transmite e interpreta el mensaje, existen otros factores que hacen que la comunicación fracase. Nuestro día a día está lleno de diversidad. Nos relacionamos con personas de diversas culturas, religiones, edades y géneros, y todas ellas han vivido experiencias muy diferentes.

Esto significa que no todo el mundo va a pensar igual que nosotros. En ocasiones, aunque dejemos a un lado el ego y no se trate de tener razón o no, los problemas ocurren igualmente. Lo que ocurre es que las creencias y opiniones son tan diferentes que a la gente le cuesta comunicarse.

Cuando hablamos de diversidad nos referimos a una gama igualmente amplia de personalidades diferentes. Y las personalidades chocan porque no es realista pensar que todo el mundo se va a llevar bien con todo el mundo. Ahora imagina comunicarte con alguien que padece un trastorno de la personalidad. ¡Es incluso más complejo!

Sin honestidad y confianza, la comunicación nunca tendrá sentido. Está claro que no puedes confiar en alguien que te miente descaradamente, pero ¿qué ocurre cuando el problema radica en la complacencia o incluso en la timidez? Si alguien solo te dice lo que quieres oír, ¿estás ante una comunicación auténtica?

Por último, veamos brevemente ciertos aspectos que crean barreras de comunicación:

• Echarle la culpa al otro: una persona siempre tiene la culpa mientras que la otra es la víctima.

• La agresión pasiva: aplicarle la ley del hielo a alguien, además de negar la realidad y tergiversarla.

• La desesperanza: has intentado comunicarte, pero nada funciona, así que lo lógico es desistir.

• La necesidad de ayudar: la persona siente tal necesidad de ayudar y aconsejar que no se toma el tiempo de escuchar.

• Contraatacar: a menudo se ve al principio de una discusión, cuando a la otra persona no le gusta lo que oye y responde con críticas o poniéndose a la defensiva.

• El uso del sarcasmo: el tono de voz no coincide con lo que la persona quiere decir; a menudo, un intento de humor se convierte en hostilidad.

- Bloqueos emocionales: esto ocurre cuando las personas no son capaces de reconocer las emociones o manejarlas correctamente. Las palabras y el lenguaje corporal pueden estar alimentados por las emociones.

- La falta de carisma: el encanto de una persona puede nublar un mensaje, pero la falta de carisma puede llevarla a no ser capaz de mantener la atención de otros.

- Experiencias pasadas: la gente puede hacer suposiciones sobre una persona o situación basándose en lo que le ha sucedido en el pasado, lo que influye en su forma de interactuar.

- Motivos ocultos: El orador utiliza la manipulación para lograr el resultado deseado.

- El estatus: los nervios y la ansiedad pueden influir en nuestra capacidad para expresarnos ante personas de mayor estatus.

- Estereotipos: los estereotipos siempre son peligrosos ya que, cuando hacemos una suposición sobre cierto tipo de persona, nuestra percepción se ve alterada. Que una persona sin hogar sea pobre no significa que no sea educada y elocuente.

¿Has visto alguna vez el reto en el que la gente se sienta en una hilera con los ojos vendados? El primero tiene un enorme balde de agua y el último un vaso. El tamaño del recipiente se hace más pequeño conforme avanza la fila. El objetivo es verter el agua del primer balde por encima de la cabeza de la siguiente persona e introducirla dentro del recipiente. Como es lógico, esto resulta difícil de hacer con los ojos vendados, pero es de esperar que haya agua suficiente para llenar el vaso al final.

Los fallos y las barreras en la comunicación son un poco como el agua que se pasa de balde en balde. Cada vez se pierde una pequeña cantidad de agua hasta que al final no queda casi nada.

Un malentendido puede parecer inofensivo en la superficie, pero las consecuencias pueden llegar a extenderse. Las malas interpretaciones, los rumores y los chismes tienen graves repercusiones en todo tipo de relaciones. Si esto ocurre en el lugar de trabajo, es posible que ciertas oportunidades se esfumen y se produzcan pérdidas económicas.

Además, una comunicación ineficaz conduce a un montón de problemas sin resolver. El estrés que se deriva de los problemas persistentes puede afectar nuestro sueño y motivación y, a su vez, convertirse en ansiedad.

La ansiedad provoca un aumento de la frecuencia cardíaca y de la presión arterial y sobrecarga el corazón. Esto puede aumentar el riesgo de enfermedades cardíacas. Lo mismo puede decirse de la ansiedad social, que es otra razón por la que mejorar las habilidades sociales es crucial en beneficio tanto físico como mental.

Tomando en cuenta la importancia y complejidad de todo esto, y después de haber recibido tanta información, es posible que sientas que no hay esperanza. No obstante, los pequeños pasos en la dirección correcta hacia una comunicación eficaz derribarán estas barreras.

Cómo se produce una comunicación eficaz

La comunicación eficaz es la capacidad de expresar ideas y conceptos de manera que el oyente los comprenda plenamente y pase a la acción. También significa ser capaz de escuchar, descifrar el mensaje y actuar en consecuencia.

La verdad es que hacer todo esto resulta más complicado ahora que en el pasado porque existen muchas más formas de comunicarnos. Los mensajes instantáneos, el correo electrónico y las aplicaciones de comunicación empresarial permiten mantener a la gente conectada, pero dificultan la comunicación efectiva porque eliminan el aspecto personal: no hay ni tono de voz ni lenguaje corporal.

Por esta razón, debemos considerar las habilidades sociales y de comunicación como algo que tenemos que desarrollar continuamente para ser eficaces en un mundo cambiante. Parece algo muy elemental, pero cosas como corregir un correo electrónico y añadir un emoji pueden cambiar por completo la forma en la que una persona recibe un mensaje.

Cuando domines la comunicación eficaz, serás capaz de:

• Comprender la información desde el principio.

• Generar confianza.

• Resolver problemas y evitar que se agraven o incluso que se produzcan.

• Proporcionarle dirección a tu audiencia.

• Fortalecer las relaciones.

• Aumentar el compromiso y la productividad.

• Crear equipos fuertes, ya sea en tu hogar, institución educativa o lugar de trabajo.

Para lograr esto, no basta con esperar comprender mejor la comunicación eficaz y despertar convertido en un profesional. Para llegar a este punto y poder comunicarte eficazmente con cada persona y saber lidiar con cada situación que se te presente, es necesario ir más despacio y abordar un área a la vez. Tenemos que aprender a escuchar, a organizar nuestros pensamientos y acciones y a darle un giro interesante a las cosas. Debemos descubrir los secretos de los gestos y el lenguaje corporal. Y luego está el arte de la conversación: iniciarla, mantenerla y darle sentido.

Todo esto comienza por la confianza en uno mismo. Cuando hayas vencido la timidez, la incomodidad y la ansiedad, habrás dado el primer paso hacia una comunicación eficaz.

CAPÍTULO 2: CÓMO SENTAR LAS BASES PARA TENER CONFIANZA EN TI MISMO

"Ciertamente no tengo el talento que poseen algunas personas — dijo Darcy — de conversar fácilmente con quienes nunca he visto antes. No puedo captar su tono de conversación ni parecer interesado en sus preocupaciones, contrariamente a lo que a menudo veo hacer a otros".

—*JANE AUSTEN, ORGULLO Y PREJUICIO*

Cualquiera que haya visto la película de este clásico en 2005 miraría al personaje del Sr. Darcy y pensaría que lo tiene todo, belleza, estilo y, por supuesto, riqueza. Pero todo esto se ve truncado en cuanto intenta entablar una interacción social. No solo carece de habilidades, sino que tampoco tiene confianza en sí mismo.

Hay cuatro claves que conducen a la confianza. El lenguaje corporal es lo primero que alguien nota en nosotros, es decir, la forma en la que entramos en una habitación o nos comportamos. Alguien con una sonrisa genuina, una actitud tranquila y un apretón de manos firme posiblemente irradie confianza.

Las personas seguras de sí mismas también desprenden positivismo. Esto no quiere decir que las personas seguras de sí mismas fuercen dicha actitud, sino que buscan lo positivo en cada situación y tienen la capacidad de transformar sus pensamientos negativos en positivos.

La confianza es uno de los componentes más importantes de la inteligencia emocional. Volviendo al Sr. Darcy, es evidente que es un hombre inteligente, pero carece de inteligencia emocional, lo que hace que sus interacciones sociales sean sumamente incómodas.

Ser capaz de identificar las emociones te permite comprender las claves de la interacción y detectar cualquier posible tensión.

Por otra parte, las personas con poca inteligencia emocional tienen dificultades para percibir sus capacidades y verse a sí mismas de forma positiva, afectando así su capacidad de comunicación.

El cuarto factor de la confianza es la mentalidad de crecimiento.

Una mentalidad fija es aquella que hace que una persona crea que lo que tiene ahora es todo lo que tendrá. Una mentalidad de crecimiento es aquella mediante la cual estamos decididos a aprender y crecer constantemente.

Así, aceptamos los errores cometidos y logramos mejorar a partir de ellos. Son estas mejoras las que conducen a la confianza.

Cómo tener más confianza en uno mismo

Vamos a pasar directamente a la práctica explicando cómo empezar a encontrar y mejorar tu confianza antes de enfrentarte a las interacciones con los demás.

Vence tus creencias limitantes

El cerebro humano está programado para inclinarse hacia lo negativo. Al analizar nuestro pasado es más fácil recordar nuestras experiencias negativas que las positivas. Estas experiencias negativas tienen la costumbre de quedarse con nosotros y dar forma a nuestro ser adulto.

El actor Hugh Jackman contó que sus padres se divorciaron cuando él era joven y que esa experiencia le quedó grabada como una herida. Constantemente tenía la sensación de que aquella situación que vivió de niño seguiría causándole sufrimiento. Por lo tanto, si seguimos atados a las historias de nuestro pasado, nunca lograremos liberarnos de nuestras creencias limitantes.

Antes de esperar a sentirte más seguro de ti mismo, tienes que reconocer las creencias que te frenan y desafiarlas. Al desafiarlas, verás lo que es un hecho y lo que no. Solo después podremos sustituir las creencias erróneas por otras que nos potencien y empoderen.

Aquí tienes un ejemplo:

- Mi creencia limitante: nunca tendré éxito en una entrevista para un puesto de liderazgo.
- Hecho: he tenido una entrevista y no me ha ido bien.
- Sin evidencia: me irá mal en todas las entrevistas que tenga. Esto se denomina catastrofismo y adivinación.

- Creencia empoderadora: si hago un curso en línea sobre liderazgo, me sentiré más seguro de mis capacidades y más preparado para la próxima entrevista.

Conecta tu confianza con tus objetivos

Siempre que se establezcan correctamente, los objetivos son un medio excelente para aumentar la confianza en uno mismo. Es conveniente tener diferentes tipos de objetivos, como objetivos a largo y a corto plazo, personales y profesionales.

Cada vez que fijes un objetivo, debes ser lo más específico posible, lo que implica que incluyas cifras y números cuando corresponda. Tus objetivos deben ser realistas. La regla de Ricitos de Oro es una buena forma de decidir si un objetivo es alcanzable. Dicha regla establece que, para encontrar el nivel perfecto de motivación, la tarea debe ser lo suficientemente difícil como para que te esfuerces, aunque no tanto como para que te resulte imposible.

Por último, asegúrate de que tu objetivo tenga un marco temporal. No sirve de nada decir que alcanzarás tu objetivo en el futuro. Eso es un hecho. Pero ¿será dentro de un mes o de seis?

Una vez establecidos los detalles del objetivo, hay que dividirlo en pasos más pequeños. Cada uno de estos pequeños pasos debe tener una recompensa. Supongamos que tienes el objetivo de saldar todas tus deudas en seis meses; para ello, necesitas 2.500 dólares para pagar dos préstamos y tres tarjetas de crédito.

Por cada deuda que pagues, permítete un pequeño capricho. No hace falta que sea una recompensa económica; podría ser cocinar tu comida favorita o empezar la nueva serie que has estado posponiendo.

Tu confianza empezará a crecer en cuanto alcances tu primer logro, lo que te dará impulso para el siguiente.

Reconoce tus logros

Aunque hemos visto que es más fácil mirar atrás y ver lo negativo, si te plantas y haces el esfuerzo, podrás elaborar una lista de éxitos pasados. Pueden ser exámenes que hayas aprobado, obstáculos que hayas superado o incluso un momento en el que saliste de tu zona de confort y las cosas salieron mejor de lo que habías planeado.

Nadie es un completo fracaso, pero puede que acabes sintiéndolo así si te comparas constantemente con los demás. Recuerda que cada uno está en su propio camino y que lo que ves rara vez retrata la realidad.

Otro hábito derivado de nuestras creencias limitantes consiste en atribuir el mérito de nuestros éxitos pasados a otras personas. Por ejemplo, si tu presentación salió perfecta, no es por el esfuerzo que hiciste, sino gracias a la persona que preparó la tecnología para que todo saliera a la perfección.

Junto a tu lista de éxitos, escribe una frase en la que te atribuyas el mérito de tus logros. Este es un excelente recordatorio de lo que eres capaz de hacer.

Evalúa tus principales necesidades humanas

Sin rumbo, es difícil sentirse seguro. Para descubrir tu rumbo, tienes que hacerte una pregunta indispensable. ¿Por qué haces lo que haces? Todos nos movemos por nuestras necesidades básicas.

Cualquier ser humano necesita una sensación de certeza para evitar posibles dolores y sufrimientos. La certeza puede llevarnos a hacer tanto cosas que queremos como cosas que no queremos hacer. Al mismo tiempo, el ser humano también anhela un cierto grado de incertidumbre. Al fin y al cabo, la vida sería aburrida si no hubiera variedad.

Tomamos muchas decisiones en busca de una vida con significado porque queremos sentir que somos importantes o especiales. Esto es principalmente difícil para quienes evitan las situaciones y relaciones sociales. Hay un estrecho vínculo entre el significado y otra necesidad humana, las relaciones, son lo que da sentido a nuestras vidas.

Por último, necesitamos amor, conexión y crecimiento. Comprender cuáles son tus principales necesidades te ayudará a saber más acerca de hacia dónde quieres ir en la vida y a concretar tus objetivos.

Establece rutinas saludables

La falta de una rutina puede provocar que duermas y comas mal, que tu salud física se vea afectada y que te sientas estresado. Y lo que es más, no estarás utilizando tu tiempo de forma eficaz, lo que te dificulta lograr todo aquello que necesitas. Nada de esto te infundirá confianza.

Empieza con una rutina saludable a la hora de acostarte. Aunque suene a algo que les diríamos a nuestros hijos, es igual de esencial que los adultos tengamos un sueño adecuado y de calidad.

Entre los hábitos que puedes implementar antes de acostarte se encuentran desconectarte de la tecnología, tomar té de hierbas, hacer ejercicios de respiración consciente e intentar irte a la cama a la misma hora todas las noches.

Evita la presencia de cualquier tipo de tecnología en el dormitorio. La luz azul que producen las pantallas impide la liberación de melatonina, la hormona del sueño.

Personalmente, me gusta tener una rutina matutina para empezar el día de buen humor. Intenta levantarte 10 minutos antes y hacer una sesión corta de ejercicios, disfrutar de un desayuno saludable y tomar el primer café del día sin prisas.

En tu rutina diaria, asegúrate de tomar descansos. Es difícil cuando hay tanta presión por completar todas las tareas, pero los descansos cortos son tu oportunidad para recuperar energía y calmar la mente.

La rutina perfecta incluye ejercicio. Un entrenamiento de 10 minutos por la mañana es un buen comienzo, pero eso no bastará para llegar a los 150 minutos recomendados de ejercicio de intensidad moderada.

Parece mucho, pero 10 minutos de lunes a viernes más tres paseos a paso ligero de 30 minutos, ¡y habrás alcanzado tu objetivo!

El ejercicio es crucial para la confianza y la autoestima. No solo te sentirás más seguro de tu capacidad para comunicarte con los demás, sino que también empezarás a sentirte menos estresado y tendrás más energía para lograr más cosas.

Practica la gratitud

Expresar tu gratitud puede reducir esa tendencia a juzgarte a ti mismo.

La capacidad de percibir lo bueno que hay en tu vida y en la de los demás también favorece la autoestima.

Un estudio demostró que quienes practicaban la gratitud tenían mayores niveles de empatía (Shi, 2020), que hemos visto que es fundamental en las interacciones sociales.

Aquí tienes algunas formas sencillas de empezar a practicar la gratitud:

• Escribe un diario: anota dos o tres cosas cada día por las que estés agradecido.

• Consigue un buzón de gratitud: escribe dos o tres cosas por las que estés agradecido e introdúcelas en el buzón cada día. Cuando te sientas mal, elige al azar algunos papeles para leerlos.

• Da un paseo de gratitud: apaga el teléfono y sal a la calle. Presta atención a las cosas que ves y por las que te sientes agradecido.

• Haz meditaciones de gratitud: siéntate en una postura cómoda y dedica un momento a concentrarte en tu respiración. Por cada exhalación, piensa en algo por lo que estés agradecido.

• Crea un collage: explora tu lado creativo y empieza a recopilar objetos y/o imágenes para utilizarlos en un collage. Por ejemplo, una entrada de un concierto, una flor seca que alguien te haya regalado, fotos de tu familia o incluso de tus mascotas.

Mejora tu diálogo interno y tu amor propio

Aunque suene duro, nunca vas a encontrar la autoconfianza necesaria si constantemente te hablas a ti mismo de forma negativa. Cuando nos decimos algo a nosotros mismos con suficiente frecuencia, se convierte en realidad.

El truco no consiste en intentar sepultar el diálogo interno negativo, sino en abordarlo de frente. Lo primero que debes hacer es distanciarte de tu crítico interior. Crea un personaje para tu voz negativa. Ya sabes que es más difícil decirte la verdad a ti mismo que a un amigo. Esta distancia con tu personaje negativo te ayudará a desafiar a esa voz crítica y a hablarte a ti mismo del mismo modo que lo harías con un amigo.

Al mismo tiempo que desafías a esa figura crítica, introduce algunas afirmaciones positivas en tu día a día. Al igual que el cerebro escucha los bombardeos de negatividad, también prestará atención cuando repitas afirmaciones positivas. Algunos ejemplos de afirmaciones positivas para mejorar tu confianza son:

- Me valoro.
- Creo en mis capacidades.
- Puedo afrontar todos los retos.
- Tengo éxito en la vida.
- Soy capaz de alcanzar la grandeza.
- Soy un individuo fuerte y único.
- Soy naturalmente seguro de mí mismo y estoy a gusto con mi vida.
- Confío plenamente en mi camino.

Tener un diálogo interno positivo es fundamental para alcanzar el amor propio. Quienes son capaces de quererse por lo que son, son capaces de reducir la ansiedad y la depresión a la vez que cultivan una mentalidad positiva. Si no te quieres a ti mismo, será difícil que tengas confianza y seguridad.

Para aumentar tu amor propio, deja de compararte con los demás. Es más fácil de lo que parece, así que sé realista: ¿estás consiguiendo algo comparándote con los demás? Es más probable que estés empleando tu energía que sería mejor utilizar en algo que te aporte beneficios.

Cuando caes en la trampa de compararte con los demás, empiezas a hacer cambios sutiles para parecerte más a ellos. Cada cambio merma tu autenticidad. Ser fiel a ti mismo te da poder, y el poder es una verdadera fuente de confianza.

Mejorar tu confianza te llevará algún tiempo, pero siempre es mejor empezar con estas técnicas antes de iniciar la práctica de mantener conversaciones directas. Sembrar la semilla de la confianza te ayudará a dar los primeros pasos.

Imagina que tu confianza es como una bola de nieve en una avalancha. A medida que practiques estas técnicas, tu bola de nieve del tamaño de una pelota de golf se convertirá poco a poco en una pelota de tenis e iniciará su viaje montaña abajo. Incluso si tienes una pelota de tenis de confianza, te sentirás mejor hablando con los demás a medida que vayas ganando impulso.

Cómo abordar las conversaciones con confianza

Nunca va a haber un momento perfecto para salir de tu zona de confort e iniciar una conversación. Esperar al momento ideal es una forma de procrastinación, y acabarás convenciéndote a ti mismo de no hacerlo.

Antes de iniciar una conversación, al menos mientras tu confianza sigue creciendo, prepárate física y mentalmente.

Amy Cuddy, investigadora del lenguaje corporal en la Universidad de Harvard, ha identificado posturas de alto poder y posturas de bajo poder. Las posturas de bajo poder incluyen hombros caídos, brazos cruzados y una mirada gacha.

Una prueba de saliva realizada a personas que utilizan posturas relajadas, abiertas y de alto poder mostró un 20% más de testosterona y un 25% menos de cortisol, la hormona del estrés (Clear, 2018). La mejor postura de poder es la del superhéroe, de pie con las piernas ligeramente abiertas, las manos en las caderas y el pecho abierto. Sin embargo, ¡es posible que quieras hacer esto lejos del ojo público!

En cuanto a la preparación mental, sé un poco más compasivo contigo mismo. Ningún ser humano es perfecto y está bien cometer errores. Recuerda que es mejor salir ahí fuera e intentarlo y cometer un error que no intentarlo nunca, ya que esto te llevará definitivamente al fracaso.

Aquí tienes cinco sencillos consejos que debes tener en cuenta para empezar a abordar tus conversaciones con más confianza:

1. Ten determinación desde el inicio. Una sonrisa, un apretón de manos firme y un buen contacto visual harán que la persona se sienta cómoda. No olvides que es muy probable que esa persona también tenga dudas sobre sus habilidades comunicativas.

2. Establece una buena relación con la persona. Respétala lo suficiente como para prestarle toda tu atención y procura que tus ojos no vaguen por la habitación.

3. Haz una pausa antes de responder. Solo tiene que ser uno o dos segundos, pero dará la impresión de que piensas antes de hablar.

4. Empieza con una conversación trivial, pero asegúrate de formular una pregunta abierta que no conduzca a una respuesta de sí o no. Empieza tu pregunta con un quién, qué, dónde, cuándo o por qué.

5. No olvides sonreír, mantener el contacto visual ¡y respirar!

Ya has iniciado la conversación. Entonces, ¿cómo puedes mantenerla con confianza?

23 consejos para sentirte seguro a la hora de hablar con cualquier persona

Esta sección puede utilizarse como una lista de referencia para mantener conversaciones con confianza. No te recomiendo que intentes poner en práctica cada uno de estos pasos de entrada. Tu cerebro estará tan abrumado recordando lo que tienes que hacer que no podrás prestar toda tu atención a la conversación o a la persona. En lugar de eso, elige dos o tres consejos y empieza a ponerlos en práctica en cada conversación hasta que se vuelvan un hábito.

- Habla más despacio para no parecer nervioso.

- Acepta que sentirte nervioso no es señal de que estés en peligro.

- No des por sentado que sabes lo que la otra persona piensa de ti. Recuerda que la gente no tiene la misma opinión de ti que tú.

- Mantén la mente centrada en el tema y no dejes que divague.

- Mantén la mente centrada en el otro y no en tu propio "desempeño".

- Cambia el tono para parecer más relajado.

- Crea un personaje para tu nerviosismo a fin de crear distancia.

- Planifica y practica conversaciones con personas que te pongan nervioso.

- Haz preguntas sinceras para mostrar tu interés.

- Fíjate en los pies de la otra persona. Si apuntan hacia ti, está contenta con la conversación. Si señalan hacia otro lado, dala por terminada.

- Ofrece información sobre ti mismo.

- Acepta que los momentos de silencio incómodo no son solo culpa tuya.

- Asume que los breves momentos de silencio son naturales en las conversaciones.

- No tengas miedo de retomar temas anteriores.

- Mantente erguido y comprueba mentalmente tu postura a lo largo de la conversación.

- Relaja los músculos faciales (practícalo en un espejo para ver la diferencia).

- Utiliza frases como "No estoy seguro" o "No lo sé" en lugar de un tono de voz que dé a entender que realmente estás dudando.

- Proyecta tu voz para que se te oiga claramente, pero no te vuelvas excesivamente estridente.
- Cuando hables más alto, baja ligeramente el tono.
- Da señales verbales y no verbales de que estás escuchando. Añade un "¡De verdad!" o un "Sí" o asiente con la cabeza de vez en cuando.
- Rompe el contacto visual cuando te encuentres pensando o cavilando para que este tipo de lenguaje corporal no resulte demasiado intenso.
- Sonríe cuando sea apropiado, pero no lo hagas todo el tiempo, o parecerá falso.
- Reflexiona una vez que la conversación haya terminado. Destaca lo que hiciste bien y lo que se puede mejorar.

Te recomiendo que conviertas esta lista en un objetivo. De este modo, conseguir dicho objetivo también mejorará tu confianza. Divide la lista de 23 ítems en grupos de 4 o 5, y fija una pequeña recompensa por cada grupo que consigas.

Tener confianza en ti mismo te hará sentir mejor y más cómodo con tu forma de ser. Por eso, cuando consigas acercarte a desconocidos y hablar abiertamente con ellos, verás que lograrás disipar esa sensación de incomodidad.

Sin embargo, puede haber ciertos aspectos que, a pesar de la confianza, te limiten a la hora de enfrentarte a situaciones sociales, como la ansiedad. Abordemos esto a continuación, ¿te parece?

Cómo vencer la ansiedad social

La ansiedad social es un trastorno que hace que las personas se sientan extremadamente abrumadas por las situaciones sociales. Suele empezar en la adolescencia, pero los acontecimientos de la vida pueden hacer que el trastorno se presente en cualquier momento. Por ejemplo, muchos sintieron los síntomas de la ansiedad social tras la pandemia de COVID y el aislamiento.

A las personas con ansiedad social les preocupan las interacciones sociales cotidianas, desde conocer gente hasta hablar por teléfono. Emocionalmente, pueden sentirse avergonzadas, como si se les juzgara constantemente, y tener baja autoestima. Físicamente, pueden sonrojarse, sudar, sentirse mal, tener palpitaciones o sufrir ataques de pánico.

Lo primero que hay que hacer es comprender qué es lo que desencadena la ansiedad social. Algunas personas sienten un pánico inmenso en las fiestas o cuando conocen gente nueva. Para otras, la ansiedad puede manifestarse cuando tienen que hacer una presentación o ser el centro de atención.

A partir de aquí, puedes dividir ese desencadenante en acciones más pequeñas para que el panorama general no te genere tanto estrés. En el caso de que tengas que hacer recados y te sientas ansioso pensando en los cinco lugares a los que tienes que ir al salir de casa, observa los cinco lugares por separado y prepárate para cada uno de ellos. Este proceso es similar al tratamiento utilizado para la ansiedad social.

Uno de los tratamientos más populares para el trastorno de ansiedad social es la terapia cognitivo-conductual (TCC), que ayuda a replantear los patrones de pensamiento negativos.

La terapia de exposición es una técnica del tratamiento cognitivo-conductual que ayuda a las personas a superar sus miedos. La terapia de exposición puede ser directa (afrontando directamente los miedos), imaginaria (creando imágenes del miedo) o mediante realidad virtual (utilizando la tecnología).

La terapia de exposición también puede ser graduada, lo que implica descomponer el miedo en pasos más pequeños para que la persona se enfrente gradualmente a él. Esta terapia también puede ser intensiva, lo que implica comenzar la exposición con la mayor dificultad.

Por ejemplo, si tuvieras miedo a hablar en público y eligieras el método gradual directo, los pasos serían preparar la presentación y practicar con un amigo o familiar, después practicar con dos o tres personas, luego con un desconocido y así sucesivamente.

Ten cuidado con las estrategias negativas de afrontamiento. Puede que pienses que una copa de vino o dos te ayudarán a calmar los nervios a la hora de enfrentarte a tu ansiedad social, pero rara vez es así. El alcohol y las drogas son soluciones a corto plazo y, con el tiempo, solo causarán más daño; además, pueden agravar los síntomas de la ansiedad.

Cómo superar la timidez

A menudo la timidez se considera un factor negativo o un defecto de carácter, pero esto no es así. Del mismo modo, tampoco se puede decir que una persona introvertida o extrovertida tenga defectos. Algunos creen que la timidez es genética, mientras que otros opinan que se debe a experiencias propias de la vida.

Asimismo, es posible que una persona introvertida esté demasiado expuesta a la gente y se aleje de las interacciones sociales. También es posible que una persona extrovertida sea tímida. A estas últimas les encanta formar parte de eventos sociales, pero tardan más en entrar en contacto con la gente.

Que seas tímido no significa que no puedas disfrutar de conversaciones significativas. Sin embargo, es importante reconocer que la timidez a menudo se traduce en una percepción excesiva de lo negativo. Todos asumimos que la gente piensa lo peor de nosotros, pero las personas tímidas llevan esto a un nivel completamente diferente.

Suena un poco crudo plantearlo así, pero tenemos que hacernos cargo de esto. De hecho, cabe decir que son nuestros propios pensamientos negativos los que anulan la lógica y la evidencia. Si hay personas en tu vida que realmente piensan mal de ti o se burlan de tu timidez, ¿las necesitas en tu vida? Si tienes pensamientos negativos sobre cómo te ve la gente, tienes que cuestionarlos.

Después de rebatir estos pensamientos negativos, toca darle un giro positivo a las conversaciones y situaciones a las que te vas a enfrentar. Visualízate en la situación e imagina lo que haces y dices para que las cosas vayan bien.

Si eres tímido, asígnate un rol específico que te ayude a afrontar la situación que tienes por delante. Hace años, me asignaba el papel de detective. Al encargarme de averiguar cosas sobre los demás, tenía menos espacio para centrarme en mí mismo y en mis sentimientos. Sentía que tenía un propósito y, al mismo tiempo, aprendía más sobre los demás, lo que me ayudaba mucho a la hora de entablar conversaciones triviales.

Ahora que te has dado una dosis de dureza, recuerda que también tienes que ser tolerante contigo mismo. No te castigues por ser tímido. Cambia pensamientos como "Soy tímido" por "Estoy aprendiendo a tener confianza".

Además, recuerda que ser tímido conlleva muchas características positivas. Estas características incluyen la consideración, la inteligencia y la capacidad de escucha. Recuérdate a ti mismo estas cualidades y lo que aportan a una conversación.

Qué hacer si eres introvertido

Mientras que una persona tímida tiende a temer más lo que piensa y siente el mundo exterior, una introvertida vuelca sus pensamientos y sentimientos hacia su interior. Las interacciones sociales suelen ser agotadoras para estas personas porque gastan mucha energía procesando su entorno y a aquellos que se encuentran en él.

Es por esto que las situaciones sociales suponen un reto para los introvertidos, ya que deben forzarse a salir de su yo interior e interactuar con la gente que les rodea.

Para empezar a tener más confianza en las conversaciones y las interacciones sociales, hay que eliminar al máximo los imprevistos. La vida nunca será tan sencilla, pero comienza por pasar más tiempo interactuando con las personas que te son familiares.

A menudo, podrás hacer esto en casa o en el trabajo, ámbitos que tienden a ser más estructurados. También es una buena idea invitar a amigos y colegas a tu espacio en lugar de aventurarte tú en el suyo. En tu propio espacio, te sentirás más en control.

Para enfrentarnos a lo desconocido, primero debemos centrarnos en las personas. Tú eres solo la mitad de una conversación y no puedes predecir lo que el otro va a decir. Sin embargo, puedes preparar tu parte de la conversación e incluso simular distintos escenarios en función de lo que tu interlocutor pueda decir. Algunos guiones, como pedir comida para llevar, serán más fáciles de planificar.

Los temas más complejos pueden requerir algo más de investigación. Si tienes que asistir a un acto de trabajo y sabes que en la oficina se habla mucho de política, vale la pena que prestes atención a las noticias para que estés más familiarizado con el tema.

Si sabes que un acontecimiento te va a llevar al límite, puedes ir acompañado de un amigo comprensivo. Intenta no depender de tu amigo en todos los momentos difíciles; no obstante, es posible que establezcan una señal entre ambos que le permita intervenir cuando el diálogo se vuelva demasiado intenso.

Aunque a tu amigo no le moleste, procura no abusar de su presencia. Haciendo pequeños esfuerzos por superar los obstáculos propios de la introversión, empezarás a sentir esa confianza y tendrás más determinación para abordar otros aspectos de tus dificultades sociales.

Componentes interactivos: actividades para mantener a raya la ansiedad social y el estrés

Independientemente de que estés nervioso, seas tímido y/o introvertido o sientas pánico cuando surgen ocasiones sociales (incluso imaginarlas podría abrumarte, hacer que tu corazón se acelere y te cueste recuperar el aliento), existen estrategias que pueden ayudarte.

Hemos analizado cómo entender la ansiedad social, qué hacer y qué no hacer. Estos ejercicios prácticos pueden ayudarte a controlar tus síntomas antes de que se apoderen de ti:

1. Utiliza la técnica de respiración 4/7/8

Esta técnica consiste en inhalar durante 4 segundos, mantener la respiración durante 7 y exhalar durante 8. No tienen por qué ser esos tiempos exactos, pero asegúrate de que tu exhalación sea más larga que tu inhalación.

La respiración controlada ayuda a estimular el nervio vago. Este nervio desempeña un papel fundamental en el sistema nervioso parasimpático (SNP). El SNP es lo que nos calma cuando nos enfrentamos a un peligro o a un peligro percibido en el caso de la ansiedad social. En lugar de adoptar una actitud de huida o lucha, la respiración controlada ayuda al cuerpo a "descansar y asimilar".

2. Practica la relajación muscular progresiva

La relajación muscular progresiva es excelente porque se puede hacer en cualquier sitio. Empieza por una parte del cuerpo, por ejemplo, los pies. Tensa y relaja los músculos. Sube hasta los gemelos y haz lo mismo. Poco a poco, ve pasando por los distintos grupos de músculos del cuerpo.

No es posible que el cuerpo esté tenso y relajado al mismo tiempo. Tensar los músculos intencionadamente y luego aflojarlos produce una sensación de relajación.

3. Utiliza un ejercicio de *grounding*

Este ejercicio de anclaje (comúnmente conocido como *grounding*) ayuda a devolver la mente al presente prestando atención a los sentidos. Además de ayudar a combatir los síntomas de ansiedad, también es útil durante un ataque de pánico. Inspira profundamente y luego:

- Encuentra 5 cosas que puedas ver.
- Encuentra 4 cosas que puedas tocar.
- Encuentra 3 cosas que puedas oír.
- Encuentra 2 cosas que puedas oler.
- Encuentra 1 cosa que puedas saborear.

Si estas técnicas no surten efecto después de algún tiempo, no te avergüences de acudir a un profesional. Puede que tu ansiedad esté tan profundamente arraigada que necesites ayuda para desentrañarla.

Al principio de este capítulo, vimos que el lenguaje corporal es un factor importante para la confianza. Aunque te parezca que ignoramos el tema a partir de ese momento en adelante, no fue así. De hecho, el lenguaje corporal y la comunicación no verbal son tan cruciales que merecen su propio capítulo.

4. Intenta presionarte contra una pared

Si tus sentidos están sobrecargados cuando estés en una situación social (hay demasiado ruido o la iluminación es demasiado brillante), un empujón contra la pared puede ayudarte a sentirte más estable.

Mantén los pies apoyados en el suelo y todo el cuerpo contra la pared, incluso las palmas de las manos. Presiona contra la pared de 5 a 10 segundos.

Cerrar los ojos durante esos segundos también te ayudará a descansar el cerebro de los estímulos.

5. Encuentra tus puntos de liberación de tensión contra la ansiedad

La acupuntura es una forma tradicional de medicina china y, aunque no vas a comenzar a pincharte con agujas, puedes aplicar presión en partes específicas del cuerpo para aliviar la ansiedad.

1. Punto Yin Tang: se ubica entre las cejas. Realiza movimientos circulares suaves de 5 a 10 minutos.

2. Punto Shenmen: se trata de la parte hueca superior de la oreja. Ejerce presión circular durante 2 minutos.

3. Punto Jian Jing: Está ubicado en el hombro. Utiliza los dedos pulgar e índice para masajear la parte delantera y trasera de los músculos con firmeza de 4 a 5 segundos.

4. Punto Hegu: Se trata de la membrana que se encuentra entre el pulgar y el índice, y se presiona con firmeza durante 4 o 5 segundos.

El número 4 no debe utilizarse si estás embarazada, ya que puede inducir el parto.

6. Practica racionalizar tus pensamientos

A continuación, encontrarás algunos pensamientos irracionales que pueden aparecer si tienes ansiedad social. Esto no quiere decir que estos sentimientos no sean reales para ti, pero no hay pruebas que los respalden. Escribe una respuesta racional para cada uno de ellos:

- Mi jefe se quejará de mi trabajo…
- Mis amigos se reirán de mi nueva ropa…
- Un desconocido va a pensar que soy estúpido…

Ahora escribe aquellos pensamientos que te estén produciendo ansiedad y considera un enfoque racional.

Estos obstáculos a la hora de socializar y comunicarnos no son más que puntos de partida en este viaje. En cuanto empieces a sentir que controlas mejor tus emociones, actuarás y pensarás en consecuencia, sea cual sea la situación social.

Hablando de acciones, es hora de tratar la cuestión de la comunicación no verbal...

CAPÍTULO 3: COMUNICACIÓN NO VERBAL BÁSICA – LA CIENCIA DEL LENGUAJE CORPORAL

"El lenguaje es una herramienta tecnológica más reciente. Tu lenguaje corporal, tus ojos y tu energía llegarán a tu público incluso antes de que empieces a hablar".

— *PETER GUBER*

La cita de Guber no parece tener mucho sentido al principio. Antes de que hubiera tecnología, existía el lenguaje, ¿no? Habiendo dicho eso, lo cierto es que comprender y aprender a utilizar el lenguaje corporal transmite el mensaje mucho mejor que cualquier tecnología. Independientemente de tu energía, si tu lenguaje corporal y tu mensaje no coinciden, el mensaje será confuso.

La capacidad de leer las señales presentes en la socialización y mejorar las propias dará resultados mucho más fiables que la tecnología. Jamás podrás garantizar que todos los componentes electrónicos de algo funcionen cuando los necesites. ¡Pero tu lenguaje no verbal no irá a ninguna parte una vez que lo domines!

Cómo reconocer las señales presentes en la socialización

Gran parte de nuestra comunicación, la no verbal, consiste en señales y gestos visibles y comprensibles a nivel social. Su grado exacto de participación en la comunicación suscita debate entre los profesionales. En general, estos últimos coinciden en que entre el 70% y el 93% de la comunicación es no verbal (Spence, 2020).

¿Por qué tanta diferencia? Primero debes saber que dichas señales comunican sentimientos, intenciones y reacciones independientemente de que se utilicen o no palabras. Los neurotransmisores de nuestro cerebro captan estas señales a un ritmo increíblemente rápido, a menudo antes de que tengamos tiempo de procesar lo que nos están diciendo.

De ahí que una persona pueda entrar en una habitación e inmediatamente caer mal antes de ser presentada. Esto no quiere decir que no se pueda desarrollar una relación con la ayuda de la comunicación verbal, pero esa primera impresión basada en las señales sociales no verbales tendrá un impacto.

Estas señales son similares en todo el mundo, pero eso no quiere decir que sean universales. Veamos 16 de las más comunes y comprobemos cómo pueden diferir sutilmente entre culturas e incluso entre personas.

1. Contacto visual

2. Postura

3. Inclinación del cuerpo
4. Expresiones faciales
5. Tono de voz
6. Tono del texto
7. Silencio
8. Paralenguaje
9. Contacto físico
10. Inquietud
11. Gestos
12. Reflejo
13. Proxémica
14. Vestimenta
15. Apariencia distraída
16. Volumen.

Cómo sentirnos cómodos con el silencio y cómo ajustar el volumen de nuestra voz para proyectar más confianza ya han sido temas de discusión. Ahora también debes saber que la vestimenta importa. Además de la comodidad, la ropa que elijas contribuirá a la impresión que quieras causar.

Antes de sumergirnos en las sutilezas de las señales sociales, es importante saber cómo empezar a leer el lenguaje corporal de los demás.

Nuestras primeras lecciones comienzan cuando nacemos, ya que, sin lenguaje, dichas señales son nuestra primera forma de comunicación. Cuando los bebés nacen, estos empiezan a imitar a sus modelos por medio de los gestos, el lenguaje corporal, las expresiones y el tono de voz, incluso aunque solo sean balbuceos. A medida que los niños crecen, estas señales y gestos sociales se desarrollan a través del juego.

Algunas de las razones por las que las personas no saben leer estas señales provienen de la infancia, ya sea porque no tuvieron suficientes modelos de conducta o por falta de interacción social. Por ejemplo, a algunos niños cuyas familias se desplazan mucho les resulta difícil desarrollar esta habilidad porque no siempre permanecen en un mismo lugar el tiempo suficiente como para hacer amistades y jugar.

Existen varios trastornos de salud que también están relacionados con la falta de estímulos sociales de este tipo. El autismo, el ADHA y algunas dificultades de aprendizaje constituyen algunos ejemplos. Aquellos que padecen un trastorno de la comunicación social tienen dificultades tanto con el lenguaje hablado como con la lectura de las señales aquí mencionadas.

Vayamos un paso más allá y analicemos el lenguaje corporal en las conversaciones.

Lo que tu cuerpo le dice a los demás

El lenguaje corporal revela más emociones y sentimientos que las palabras. En algunos casos, puede llegar a dar una idea más precisa de lo que uno siente. Y no se trata solo de cómo movemos el cuerpo, sino de las microexpresiones que no se pueden controlar, los sonidos que hacemos y lo cerca que estamos de otras personas.

Ser más consciente de lo que haces con tu cuerpo te ayudará a identificar las mismas señales no verbales que muestran los demás. Esta conexión es esencial para ganarte la confianza de los demás y para garantizar que tus mensajes sean transmitidos con precisión.

Algo tan sencillo como prestar atención a la distancia que hay entre dos personas o más, lo que se conoce como proxémica, puede ser decisivo en una conversación.

Cualquier distancia inferior a 45 centímetros se considera un espacio íntimo y reservado a personas que mantienen una relación estrecha. Incluso menos de un metro y medio puede hacer que alguien se sienta incómodo porque sigue siendo una distancia muy personal.

La mayor parte de nuestras interacciones sociales deberían tener lugar a una distancia de entre uno y tres metros y medio. Es una distancia considerable, pero esta tiende a ser más corta si las personas se sienten más cómodas entre sí.

La próxima vez que mantengas conversaciones con amigos, familiares y conocidos, presta más atención a lo cerca que se encuentran unos de otros. Aprende a explorar lo que ocurre cuando te acercas.

Después de las siguientes secciones, serás capaz de detectar la incomodidad de la gente y sabrás cuándo retroceder ligeramente.

Cómo leer los rostros de las personas

Nuestros rostros tienen la capacidad de expresar una increíble variedad de emociones, desde el más puro desconcierto hasta la mayor alegría. Los ojos, la nariz y la boca nos permiten saber si alguien es de fiar. Echemos un vistazo a estas zonas.

Los ojos

Un contacto visual adecuado puede relajar a la otra persona y mostrarle confianza; sin embargo, si te centras demasiado en el contacto visual, es posible que pases por alto otras señales.

Mirar fijamente a alguien con demasiada intensidad puede ser un signo de dominación e intimidación. Mirar con frecuencia en otras direcciones es señal de distracción y, posiblemente, de aburrimiento. Una buena regla general es mantener el contacto visual el 50% del tiempo al hablar, el 70% del tiempo al escuchar y durante 4 o 5 segundos antes de romperlo. El objetivo es mantener un contacto visual natural, así que utiliza esto como una guía aproximada.

Un parpadeo lento puede indicar que alguien está atento a lo que dices. No obstante, debes saber que un parpadeo lento intencionado puede significar que la persona piensa que lo que estás diciendo es una tontería. Por otro lado, intentar no parpadear (seguido de un parpadeo rápido para liberar tensión) es un indicio habitual de que la persona está mintiendo. Por el contrario, también podría significar estrés sin más.

Detectar la dilatación de las pupilas puede requerir un poco más de práctica; sin embargo, es una gran señal para detectar que alguien está contento, interesado o incluso excitado. Cuanto más se dilatan las pupilas, más interesada está la persona. Enséñale a alguien diferentes fotos o videos y observa lo que ocurre con sus pupilas.

Por último, no olvidemos las cejas. Normalmente, estamos acostumbrados a ver las cejas enarcadas en casos de felicidad y sorpresa y las cejas fruncidas en casos de tristeza y enfado. Cuando las cejas están fruncidas con líneas de tensión entre ellas, es señal de agresividad.

Una sola ceja levantada, a menudo acompañada de una inclinación de cabeza, puede implicar desdén o servir de apoyo a la comunicación verbal al dar órdenes, exigir o argumentar un punto de vista.

Una o ambas cejas levantadas es un signo universal de escepticismo. Otro signo universal consiste en levantar las cejas rápidamente para mostrar interés, el cual podría ser incluso físico.

La boca

Una sonrisa no cuesta nada pero da mucho, ¡a menos que sea falsa! Una sonrisa falsa es un signo evidente de infelicidad, pero también puede indicar sarcasmo y cinismo. Para distinguir una sonrisa auténtica, fíjate en las famosas patas de gallo alrededor de los ojos.

Si notas a alguien con los labios fruncidos cuando está muy tenso, podría significar desaprobación o desconfianza. Cuanto más fruncidos, más intenso es el sentimiento. El morderse los labios puede tener dos significados: estrés o coqueteo. Para diferenciarlos, hay que fijarse en otras señales, como los ojos muy abiertos o una sonrisa.

Si bien taparse la boca suele ser una señal de conmoción y sorpresa, también puede indicar que alguien está tratando de ocultar sus emociones o evitando decir algo en particular.

La nariz

Arrugar la nariz es un signo común de que algo huele mal, pero esto puede extenderse a otras cosas que nos desagradan. Si las fosas nasales están dilatadas, es posible que la persona se esté preparando para un altercado ya que, a nivel fisiológico, esto nos permite absorber más oxígeno.

Dejando de lado la picazón, el hecho de que alguien se toque o frote la nariz puede significar que no cree lo que le están diciendo. Por otro lado, si la persona está hablando mientras se toca la nariz, puede estar mintiendo, ya que no se siente cómoda con lo que está diciendo.

En ocasiones, la gente se frota la nariz (sobre todo el puente) para liberar tensiones. También podemos utilizar la nariz para dirigir la atención de alguien hacia una dirección o un objeto.

Ten en cuenta que algunos de estos movimientos sutiles, o microexpresiones, no pueden controlarse. Incluso con las intenciones más deliberadas, no es posible controlar la dilatación de los ojos. Es por esto que resulta más importante regular lo que sí está a nuestro alcance, lo cual es aplicable a otras partes del cuerpo.

Una visión más amplia

La comunicación no verbal es como una receta. Todos los ingredientes (o señales) funcionan bien por sí solos, sin embargo, una vez que los mezclas, empiezas a obtener toda la gama de sabores. Reconocer las señales individuales es un buen comienzo. Ya cuando seas capaz de asimilar las señales de todo el cuerpo, podrás descubrir los mensajes ocultos de la gente.

Las manos

Las manos hablan, y en algunas culturas esto es mucho más notorio que en otras. Saludar con la mano, levantar el pulgar y el gesto de *OK* son bastante universales. Los puños cerrados se asocian con frecuencia a la tensión y la agresividad.

En general, las manos abiertas con las palmas hacia arriba son señal de franqueza y confianza. Las personas seguras de sí mismas también saben mover las manos en el espacio que rodea su cuerpo sin llegar al extremo de agitarlas. Asimismo, los dedos en punta son una excelente señal de que alguien tiene el control, lo cual se traduce en un signo de poder.

Si hablamos de las palmas, debes saber que su dirección y posición marcan la diferencia. Girar las palmas hacia arriba al hablar puede significar que estás pidiendo un favor, pero girarlas hacia abajo tiende a implicar una exigencia u orden. Colocar la palma sobre el corazón puede mostrar gratitud o sinceridad.

Al mismo tiempo, la forma en la que movemos las manos puede apoyar lo que estamos diciendo, lo que resulta especialmente útil a la hora de explicar y dar instrucciones. Al enumerar información, también podemos mostrar los dedos correspondientes. Si quieres que alguien tome notas, puedes juntar los dedos pulgar e índice y gesticular de forma correspondiente para que escriba.

Cuidado con el exceso de movimiento con las manos. Este gesto suele indicar nervios, ansiedad y tensión. Si notas que otra persona agita demasiado las manos o no para de repetir patrones de movimiento, puedes intentar cambiar tu lenguaje corporal para tranquilizarla.

Por ejemplo, puedes alejarte un poco para darle espacio. Algunos movimientos rápidos, como dar golpecitos con la mano, pueden significar que la persona está aburrida o frustrada.

Brazos y hombros

Cruzar los brazos se ha considerado durante mucho tiempo como una postura negativa y cerrada, pero no siempre es así.

Es cierto que, combinado con otras señales como la tensión, es un signo de aislamiento, pero también puede traducirse en el gesto de adaptabilidad que adoptamos de pequeños, una forma de protegernos, un instinto de supervivencia para cubrir nuestros órganos vitales.

Sin embargo, acompañado de una sonrisa genuina y los hombros relajados, este gesto también puede significar que la persona se siente cómoda. A veces, los hombres se sientan con los brazos cruzados pero las piernas abiertas, lo que implica más bien comodidad y no una actitud defensiva o cerrada.

Si alguien tiene los brazos cruzados y aprieta con las manos los brazos opuestos hasta que los nudillos se le ponen blancos, es posible que sienta una tensión extrema y que sea una forma de defensa. Puede que observes esta postura en una consulta médica u odontológica.

Encoger los hombros brevemente (un gesto muy frecuente) significa que no estamos seguros de algo o que no entendemos. Sin embargo, si los hombros permanecen levantados, es probable que la persona se sienta sumisa. Esta es otra acción que apunta a protegernos, ya que el cuello queda menos expuesto.

El encogimiento de hombros es un gesto travieso que suelen utilizar las mujeres para mostrar su atracción por otra persona. Si esta acción no va acompañada de otras señales de coqueteo, ten cuidado, ya que puede que la otra persona no te esté diciendo la verdad.

Encogerse de hombros de forma parcial puede sugerir que la persona no está comprometida con lo que dice.

Las piernas

En cierto modo, las piernas cruzadas son similares a los brazos cruzados. En algunos casos, es un signo de incomodidad y un intento de protección. Sin embargo, si pensamos en las mujeres que suelen llevar falda, no tiene por qué ser así, ya que para ellas resulta más cómodo.

En lugar de asumir que las piernas cruzadas son un signo negativo, presta más atención a la dirección de las rodillas, los tobillos y los dedos de los pies. Si estas partes del cuerpo apuntan hacia ti, tu interlocutor está interesado en lo que dices y probablemente quiera saber más. Si dichas partes apuntan hacia otro lado, es posible que la persona esté desinteresada o que quiera un poco de espacio. Sigue la dirección de las piernas para ver qué capta la atención de esta persona.

La dirección en la que movemos las piernas también indica interés. Si alguien mueve la pierna hacia ti, interprétalo como una buena señal; de lo contrario, esto podría indicar falta de interés.

Curiosamente, la postura que adoptamos estando de pie puede indicar seguridad. Normalmente, pararse con las piernas ligeramente separadas y sin ocupar más que la anchura de los hombros es señal de confianza. Dicho esto, si los pies están más separados que la anchura de los hombros, estamos ante una postura territorial que busca ocupar más espacio.

Aparte del lenguaje corporal, hay otra parte del rompecabezas que debe coincidir con nuestras palabras y nuestro mensaje. Si nos fijamos en la diferencia entre la comunicación verbal y la no verbal, la verbal consiste en palabras concretas. Una parte de la comunicación no verbal está constituida por los sonidos que emitimos, lo que se denomina paralenguaje.

El aspecto vocal de la comunicación no verbal

El paralenguaje hace referencia a las funciones de comunicación secundarias. Esto incluye cosas como nuestro tono de voz, que puede aumentar cuando queremos enfatizar palabras clave o hacer una pregunta. Un tono más bajo puede implicar un interlocutor pasivo o sumiso. Ser capaz de cambiar el tono de voz durante una conversación puede ayudarte a mantener la atención de la otra persona en comparación con un tono monótono.

La velocidad con la que hablamos puede indicar entusiasmo y felicidad. Según el Centro Nacional para la Voz y el Habla, el promedio de conversación en el idioma inglés es de 150 palabras por minuto (Barnard, 2018). A esta velocidad, tu mensaje puede transmitirse con claridad y confianza. Aunque no vas a contar el número de palabras que utilizas por minuto, puedes usar una aplicación de dictado para hacerte una idea de cuál es tu velocidad media.

Ralentizar el ritmo de tu discurso puede ser una buena idea para expresarte con más claridad, pero ten cuidado de no hacerlo demasiado, ya que corres el riesgo de parecer condescendiente o de que los demás sientan que te diriges a ellos como si fueran estúpidos.

También hay que tener en cuenta el volumen. En algunas circunstancias, puede que tengas que alzar la voz debido al ruido ambiente. Un volumen adecuado transmite confianza, mientras que uno demasiado alto puede parecer agresivo.

Por el contrario, las personas calladas pueden parecer tímidas, nerviosas o ansiosas ante situaciones sociales. Puede que dichas personas no se sientan seguras a la hora de hacer valer sus necesidades y deseos.

La otra cara del paralenguaje la constituyen los ruidos que hacemos o, en algunos casos, que no hacemos, como en el caso del silencio. Ten en cuenta que el paralenguaje que aparece en esta sección procede del inglés y que, aunque algunos sonidos son universales o al menos están muy extendidos, cada cultura tiene los suyos propios.

Cómo decimos lo que decimos puede tener implicaciones enormes. Piensa en las distintas formas de decir "bueno" junto con algunas de las señales que hemos visto. Aquí tienes algunos ejemplos:

- Bueno con una sonrisa y un movimiento de cabeza.
- Bueno con alargamiento en la "U".
- Bueno con énfasis en "bue".
- Bueno en voz alta con las manos levantadas.
- Bueno con un abrazo o acariciando un hombro.
- Bueno con los ojos en blanco.

No debemos olvidarnos de los sonidos de relleno o interjecciones que pueden evidenciar el grado de atención que prestamos o dejamos de prestar. Algunas interjecciones positivas que expresan interés pueden ser "Ajá", "Ahhh" y

"Ohhh". Mientras que las interjecciones que suenan como gemidos y quejidos pueden dar una impresión negativa. Un suspiro puede expresar aburrimiento o frustración y "Mmm" y "Ehhh" podrían señalar que alguien no estaba escuchando activamente tu mensaje.

Existe otro tipo de paralenguaje más moderno que resulta útil cuando no podemos leer estas señales no verbales en persona. Los mensajes no verbales son casi imposibles de detectar en la comunicación escrita, pero con el uso de emojis, stickers y emoticones podemos dar a entender el tono del mensaje. Por ejemplo, vuelve a las distintas formas en las que podemos decir "bueno", echa un vistazo a tus últimos emojis, y verás cómo las distintas imágenes pueden cambiar la forma en la que se interpreta esta palabra.

¿Cómo se dominan todas estas señales no verbales? La verdad es que es bastante sencillo. Ante todo, nadie espera que lo recuerdes todo a la vez, así que no te asustes por la sobrecarga de información.

La próxima vez que te encuentres hablando con alguien, toma nota mental de los cambios que se produzcan en su cuerpo y sus expresiones. No hace falta que recuerdes todos los detalles. Empieza poco a poco y ve ampliando. Luego, reflexiona sobre ello para entender mejor lo que esa persona intentó decir durante la conversación.

Hacer esto te ayudará a mantener un hábito al que podrás recurrir siempre que lo necesites a fin de reconocer las señales desde el primer momento. Y no tienes por qué agobiarte; simplemente comienza con una persona, preferiblemente alguien que conozcas, y luego ve avanzando poco a poco.

Ten en cuenta que tú también puedes probar utilizar varias de estas señales en tus conversaciones, ajustando tus gestos y ademanes para reflejar un significado concreto de forma no verbal y ver con qué naturalidad reaccionan los demás.

Hay otra forma de sintonizar con lo que tu interlocutor está diciendo. Así es, estamos hablando de escuchar.

CAPÍTULO 4: CÓMO SINTONIZAR CON LO QUE DICEN LOS DEMÁS

"Tenemos dos orejas y una boca, así que debemos escuchar más y hablar menos".

— ZENÓN DE CITIO

No solo es una de mis citas favoritas, sino también una de las más obvias pero ignoradas. ¿Cómo podemos mantener una conversación fructífera si el énfasis lo ponemos en hablar y no en escuchar?

¿En qué consiste realmente escuchar?

La escucha es un proceso que implica recibir, interpretar, recordar y evaluar mensajes verbales con la intención de responder adecuadamente.

Este proceso no se produce de forma lineal, sino que puede solaparse. Si añadimos la velocidad a la ecuación, el proceso puede resultar complejo. Empezaremos con una explicación de cada parte del proceso.

Recibir

Nuestros sentidos captan constantemente los estímulos del entorno, principalmente a través del canal auditivo y visual. Así recibimos información, ya sean las señales visuales que captamos del lenguaje corporal de otras personas, el tono de voz o el lenguaje hablado.

Aunque este proceso es continuo a lo largo de toda comunicación, recuerda que las llamadas telefónicas, los mensajes de texto y los correos electrónicos carecen del aspecto visual.

Al mismo tiempo, existen ciertas perturbaciones sonoras que pueden interrumpir la forma en la que recibimos la información. Estas perturbaciones sonoras incluyen ruidos de fondo, como podrían ser charlas ajenas o música, ruidos ambientales, como el del tráfico, e incluso ruidos psicológicos causados por el estrés.

Interpretar

Durante la interpretación, el cerebro asimila todos los estímulos y empieza a darles sentido. En esta fase, contextualizamos la información y la relacionamos con experiencias anteriores. El cerebro puede comparar esta nueva información con la antigua y hacer actualizaciones y revisiones si la nueva es precisa y relevante.

Podemos tener dificultades para interpretar nuevos datos si carecemos de experiencia previa. Cuando esto ocurre, no es tan fácil transferir dichos datos a nuestra memoria a largo plazo, la cual hace que recordemos.

Recordar

Se calcula que olvidamos casi la mitad de lo que oímos inmediatamente después de haberlo oído. Esto podría verse incrementado si el tema no nos interesa. El modo en el que recordamos la información que hemos oído depende de nuestras unidades de almacenamiento de memoria.

El almacenamiento sensorial tiene la capacidad de recordar grandes cantidades de información, aunque durante poco tiempo. De hecho, la información visual se almacena tan solo una décima de segundo y la auditiva en torno a 4 segundos. Durante el proceso de interpretación, estos datos se envían a la memoria a corto plazo. La memoria a corto plazo es realmente limitada, ya que tiene una capacidad de almacenamiento de un máximo de 1 minuto. Una vez que se han establecido suficientes conexiones neuronales, estos datos se almacenan en la memoria a largo plazo.

También tenemos una memoria de trabajo. Este tipo de almacenamiento permite al cerebro almacenar y procesar información simultáneamente, lo cual evita que tengamos que recurrir a nuestra memoria a largo plazo para acceder a ciertas cosas. Esto resulta esencial a la hora de escuchar, pues nos permite procesar la información a medida que se introducen nuevos estímulos.

Evaluar

En este proceso, decidimos si la información es creíble, completa y de valor. Nuestro cerebro analiza la veracidad de los datos recibidos, si hay algo que deba leerse entre líneas y si el contenido es bueno o malo, correcto o incorrecto. Para ello, necesitamos habilidades de pensamiento crítico.

Al combinar el pensamiento crítico con la capacidad de escuchar, podemos desempeñar un papel más activo en la comunicación. El truco está en no obsesionarse demasiado con la fase de evaluación, ya que esto podría inhibir la capacidad de asimilar nueva información procedente del hablante.

Responder

Como vimos en el capítulo anterior, nuestra respuesta puede ser tanto verbal como no verbal. Aprendimos cómo cosas como el paralenguaje y los gestos le indican a una persona que la estamos escuchando. Este tipo de mensajes se denominan "señales de retroalimentación". Otras señales de retroalimentación, como la inquietud o mirar hacia otro lado, indican que la persona no está escuchando.

El parafraseo consiste en responderle verbalmente a alguien. La gente lo hace reformulando lo que se ha dicho para demostrar que lo ha entendido, para pedir una aclaración o para pedir más información.

El parafraseo es crucial cuando la comunicación no verbal es limitada y buscamos reducir los errores de interpretación. Los mensajes de texto constituyen un buen ejemplo de esto último.

Escuchar es esencial para nuestro éxito académico y profesional y para nuestras relaciones. No importa en qué situación social nos encontremos. Si no sabemos escuchar, ¡no podemos empatizar!

Las personas tienen diferentes estilos de escucha, aunque es raro encontrar a alguien cuyo estilo se limite a uno solo. Comprueba si te identificas con alguno de los siguientes estilos:

Oyentes orientados a las personas

Estas personas se preocupan por el bienestar de otros y saben escuchar. Son empáticas, lo que significa que a menudo se preocupan por los demás. Este tipo de oyentes pueden distraerse fácilmente de sus tareas si saben que alguien necesita ayuda.

Oyentes orientados a la acción

Estas personas son las que prefieren que la información sea objetiva, sin rodeos, bien organizada y precisa.

Este es un estilo ideal para profesionales que empleen la logística. Sin embargo, como les gusta la acción, es posible que no tengan tanto interés o paciencia para escuchar.

Oyentes orientados al contenido

Estos oyentes prefieren los mensajes complejos y la comprensión de múltiples perspectivas. Suelen hacer preguntas para asegurarse de estar siendo lo más meticulosos posible, característica que les permite desarrollar carreras en los campos de las ciencias, el derecho y la política.

Dichos oyentes pueden tener problemas con esta minuciosidad cuando se trata de completar tareas dentro de un plazo determinado.

Oyentes orientados al tiempo

Como su nombre indica, estos oyentes se preocupan por los plazos y por seguir un marco temporal establecido. Por ello, les gusta que se les presente la información correspondiente para poder tomar decisiones rápidas.

Los oyentes orientados al tiempo tienden a verbalizar sus restricciones de tiempo y son más propensos a utilizar señales no verbales para enfatizar su sentido de urgencia.

A medida que avancemos en este capítulo, recuerda estos estilos de escucha y decide qué habilidades dominas y cuáles necesitas mejorar. Con esto en mente, veamos qué se necesita para ser un oyente activo.

¿Qué es la escucha activa?

La escucha activa implica escuchar con todos los sentidos y darle señales verbales o no verbales a tu interlocutor para demostrarle que le estás prestando toda tu atención. Esta habilidad puede desarrollarse, ¡pero es imprescindible adoptar una decisión deliberada para hacerlo!

Escuchar activamente a alguien significa no precipitarse con comentarios o preguntas, incluso cuando haya unos segundos de silencio, ya que podría ser un momento propicio para que el orador ordene sus ideas. Dicho de otra manera, se trata de no sentir la necesidad de juzgar, opinar o dar consejos no solicitados. Así que, además de escuchar, tiene que haber un elemento de autocontrol.

Hemos visto que la sonrisa, el contacto visual, la postura y el reflejo son señales no verbales de que estamos escuchando activamente. También sabemos que juguetear con nuestro reloj, nuestra ropa o incluso tocar determinadas partes del cuerpo indica que no estamos escuchando.

En lo que respecta a las señales verbales de que estamos escuchando activamente, es importante recordar detalles concretos para demostrar que se ha asimilado la información. Podemos combinar esto con refuerzos positivos, palabras como "Bien", "Sí" o "Estupendo".

También puedes reflexionar sobre lo que el otro te ha dicho, hacer preguntas para aclarar ciertas cosas o resumir lo hablado.

En la próxima conversación que tengas, intenta poner en práctica algunas de estas técnicas y respuestas:

- Crea confianza y compenetración: "¿En qué puedo ayudarte?" "Tu presentación ha sido realmente impresionante".

- Demuestra preocupación: "Debes estar pasando por un momento difícil". "¿Cómo lo está llevando tu familia?"

- Parafrasea: "Así que no estás seguro de poder ir el sábado". "Crees que es mejor idea que dejemos la reunión para las 5".

- Afirma brevemente: "Necesitas más tiempo para hacer esto". "Gracias por hacérmelo saber".

- Haz preguntas abiertas: "¿Cuánto tardarás en terminar tu tarea?" "¿Qué prefieres para cenar?"

- Espera para ofrecer tu opinión: "Cuéntame más sobre cómo lo harías". "¿Puedes decirme algo más sobre tu idea?"

- Comparte experiencias similares: "Yo me sentí igual después de mi divorcio". "Yo tampoco sabía cómo lidiar con mi jefe".

Si tratas de hacer todo esto a la vez durante una conversación, acabarás escuchando pasivamente en lugar de activamente porque tu mente estará demasiado centrada en lo que viene a continuación y no en lo que te está contando el interlocutor. Dicho esto, hay otros obstáculos a la hora de escuchar activamente.

Malas prácticas de escucha

En la comunicación, no todo está bajo nuestro control. Sin embargo, hay algunas cosas que podemos dejar de hacer de forma inmediata para así ser mejores oyentes.

Para empezar, hablemos de las interrupciones. En general, las conversaciones suelen tener un flujo natural que se ve perturbado si una persona empieza a interrumpir. A veces, nuestras interrupciones son accidentales y se deben a una mala interpretación de las señales. Si interrumpes, una disculpa puede marcar la diferencia.

Procura no caer en el hábito de la escucha agresiva, que implica escuchar con la única intención de atacar a la otra persona.

Cuando esto ocurre, el primer problema radica en que no estás escuchando la totalidad del mensaje, sino que filtras solo lo que quieres oír. El segundo problema tiene que ver con el hecho de que tu frustración acumulada le genere inseguridad a la otra persona.

Los narcisistas necesitan ser el centro de atención. Durante el proceso de escucha narcisista, el narcisista como tal siempre buscará redirigir la conversación hacia él por medio de la interrupción o la tendencia a superar constantemente a los demás.

La pseudoescucha se produce cuando una persona da todas las señales correctas de que está prestando atención sin estar realmente haciéndolo. Esta persona no será capaz de recordar lo que se le ha dicho y a menudo dará una respuesta irrelevante.

Los siguientes obstáculos pueden entorpecer la escucha activa. Estar al tanto de ellos nos ayudará a superarlos.

Obstáculos que dificultan la escucha activa

Independientemente del proceso o estilo de escucha, la existencia de barreras que puedan dificultar la misma es inevitable. En primer lugar, es normal que tengamos que superar ciertos obstáculos físicos y ambientales.

La iluminación y la temperatura nos sirven de ejemplo. Si una habitación es demasiado oscura y/o cálida, podemos sentirnos cansados. Si el espacio es demasiado luminoso o frío, podemos sentirnos incómodos. Esto afecta especialmente a las personas autistas con dificultades sensoriales. Incluso la posición de los muebles en una sala puede causar distracciones, sobre todo en un entorno profesional en el que no podemos ver al orador principal.

Las barreras físicas, en cambio, consisten en obstáculos fisiológicos procedentes de nuestro interior. Imagina lo difícil que resulta escuchar con atención cuando te duele algo o estás resfriado o enfermo. Otro tipo de barrera física corresponde al ruido psicológico. Nuestro estado de ánimo y nuestros niveles de estrés pueden afectar profundamente nuestra capacidad de escuchar activamente.

Aunque se podría pensar que este último caso guarda relación con los estados de ánimo negativos, también es habitual que se dé con los positivos. Si alguna vez has estado enamorado o extremadamente emocionado por algo, notarás que es difícil mantener la mente en otra cosa.

Existen algunos obstáculos que combinan los dos problemas anteriormente mencionados, como la fatiga, que se presenta con elementos de estrés y debilidad debido al cansancio. Cuando la ansiedad produce síntomas físicos, como podrían ser los temblores, también existe una combinación de barreras.

No obstante, las barreras están ahí para romperlas, así que no dejes que se conviertan en razones para no escuchar activamente. Es más, el mero hecho de ser consciente de estas barreras puede ayudarte a mejorar tu capacidad de escucha. Avisarle a un colega o compañero que no te encuentras bien puede evitar que asuma que no estás prestando atención o que no te interesa lo que está diciendo.

Más allá de lo que acabamos de mencionar, existen otras formas de perfeccionar esta habilidad y, al mismo tiempo, derribar dichas barreras.

Cómo convertirte en un mejor oyente activo

Dado que todos somos muy diferentes, algunas personas encontrarán algunas técnicas más beneficiosas que otras. Es una buena idea utilizar estas técnicas y anotar el impacto que han tenido en tu capacidad de escucha.

1. Crea un diálogo interno

Puede que hablar contigo mismo te parezca contraproducente, pero empieza por decirte con firmeza que te estás distrayendo. Recuérdale a tu cerebro que estás poniendo en práctica tus habilidades de escucha y que eso será beneficioso. Por último, recuérdate a ti mismo lo útil que te resultará escuchar activamente en ese momento.

2. Crea cajas para tus pensamientos

Separa mentalmente los pensamientos que sean relevantes a efectos del mensaje de los que te distraigan y te molesten. Cuando sientas que tu mente se desvía hacia lo que quieres cenar o cualquier otra cosa no pertinente, mete ese pensamiento intrusivo en una caja y ciérrala.

3. Utiliza recursos mnemotécnicos

El uso de acrónimos (Mis Vecinos Trajeron Magníficas Joyas Sorprendentes, Un Notable regalo que me ayuda a recordar los nombres de los planetas) y rimas (gírame a la derecha para mantenerme estrecha) son técnicas que te ayudarán a recordar la información. Visualizar la información también puede ayudar.

4. Toma nota

Además de ayudarte a recordar cosas más tarde, tomar nota le demostrará al orador que estás concentrado y atento. Al mismo tiempo, si hay algo que no entiendes, pide una aclaración.

5. Escucha el significado completo

Cada mensaje consta de dos partes. Una parte corresponde al contenido y la otra a las emociones o actitudes hacia el contenido. La comprensión de las emociones y actitudes proviene de señales verbales y no verbales, y un oyente activo responderá a estas señales para establecer empatía. Verbaliza tus sentimientos para demostrar que has escuchado y comprendido.

6. Practica la escucha consciente

Tómate un momento para sentarte en silencio con los ojos cerrados. Escucha todos los sonidos que puedas oír, ya sea el zumbido de una heladera o niños jugando afuera. Cuando aparezcan pensamientos intrusivos, no intentes alejarlos, déjalos pasar y vuelve a centrar tu atención en la escucha.

7. Evita el prejuicio y la parcialidad

Ser imparcial significa no juzgar a las personas antes de darles la oportunidad de hablar. Estos prejuicios nos llevan a hacer suposiciones sobre el mensaje sin ni siquiera escucharlo. Alguien que hace demasiados movimientos con las manos puede que no esté intentando dominar el espacio. ¡Puede que tenga muchos nervios y esté intentando superarlos!

8. Ponte en el lugar de los demás

Esta es una forma increíble de empatizar genuinamente con tu interlocutor. Al ponerte en su lugar, adquieres nuevas perspectivas y comprendes mejor las emociones y no únicamente el mensaje.

Esta práctica también nos ayuda a ser más abiertos de mente, a eliminar prejuicios y a tener paciencia con el otro, algo que esperamos que los demás hagan por nosotros. Recuerda que la escucha empática lleva su tiempo.

9. Utiliza el método HURIER

El acrónimo HURIER es un instrumento esencial para ayudarte a recordar los elementos básicos de la escucha activa.

Estas siglas se corresponden con las palabras en inglés *Hearing* (oír), *Understanding* (comprender), *Remembering* (recordar), *Interpreting* (interpretar), *Evaluating* (evaluar) y *Responding* (responder).

Ya te habrás dado cuenta de que una parte crucial de la escucha activa es la capacidad de captar el mensaje emocional. Esto (junto con la lectura de las señales que hemos mencionado a lo largo del libro) te ayudará a reconocer cuándo hay contradicciones en la comunicación. Dicho esto, aún no hemos hablado de cómo escuchar intencionadamente un mensaje.

Cómo escuchar intencionadamente

Escuchar intencionadamente crea una sensación de inclusión, como si uno pasara de rodear algo a formar parte de ese algo, lo que genera una sensación de seguridad. Cuando una persona se siente segura en su entorno, es más capaz de retener información. Además, los conocimientos adquiridos permitirán una mejor toma de decisiones.

Hemos visto que la escucha agresiva es negativa, pero piénsalo desde el punto de vista de la intención. ¿Tu intención es entender lo que hay que hacer en una reunión? ¿Quieres encontrarle defectos a tu compañero? ¿Buscas demostrar que tus ideas son mejores que otras?

Aunque te limites a pensar que las ideas de tu compañero de trabajo son ridículas y no lo verbalices, no estás escuchando activamente. Además, ya te habrás dado cuenta de que tu lenguaje corporal está delatando tus pensamientos.

Para escuchar con la intención de entender el mensaje, debes hacer lo siguiente:

- Prepárate para escuchar. Calma tu mente y elimina los pensamientos que no sean apropiados para el asunto en cuestión.

- Elimina inmediatamente cualquier prejuicio. Recuerda la cantidad de veces que te has sentado a escuchar a alguien y has pensado: "Esto va a ser aburrido". ¡No lo sabes!

- Haz que la persona que habla se sienta cómoda. Esto le ayudará a transmitir un mensaje con más claridad.

- Céntrate en la persona que habla. Un buen consejo es echar un vistazo a la sala nada más entrar. Así, cuando llegue el momento de escuchar al hablante, podrás mantener la mirada dirigida hacia él.

- Deja que la persona termine cada tema antes de hacerle una pregunta. Puede que ya tenga la respuesta a tu pregunta pero no haya tenido la oportunidad de terminar.
- Proporciona *feedback*. Utiliza las señales no verbales que practicamos en el capítulo anterior para demostrar que entiendes. Por ejemplo, mantén las rodillas o los pies apuntando en dirección a la otra persona.
- Sé amable y comprensivo. Hoy en día, solemos buscar defectos en lugar de elogiar a los demás por sus éxitos.

Pon esto en práctica hoy mismo. Tu objetivo en la próxima conversación que tengas es, sencillamente, ¡dejar de hablar! Recuérdate a ti mismo que tienes una boca y dos oídos, ¡y escucha! Aunque necesites practicar tu lenguaje corporal, olvídalo la próxima vez que mantengas una conversación para que tu mente esté más centrada. Sé estricto contigo mismo. Lo único que debe salir de tu boca son palabras de relleno e interjecciones para demostrar que estás escuchando, preguntas de aclaración y parafraseos centrados en las emociones de la otra persona.

Cómo evolucionar para convertirte en un oyente reflexivo

La escucha reflexiva une todos los elementos necesarios para que tanto tú como la otra persona sepan que han sido escuchados y comprendidos y que se han alcanzado los resultados previstos. Durante una conversación, debemos reflexionar sobre el contenido, los sentimientos y el significado utilizando una combinación adecuada de las destrezas que hemos aprendido.

En lugar de volver a enumerar estas habilidades, veamos una conversación en acción en la que Emma es la oyente reflexiva y Sophie es la interlocutora. Sophie se casa dentro de una semana y se siente increíblemente abrumada.

• Sophie: "Estoy muy estresada y no sé si podré afrontar todo lo que queda por hacer". (Observa que Sophie tiene los hombros tensos, la mirada baja y juguetea con su anillo de compromiso. Su tono de voz es bajo y casi tembloroso).

• Emma: "Debe de ser horrible". (Se acerca y frota suavemente la espalda de Sophie para reconfortarla). "¿Qué necesitas?"

• Sophie: "Todavía hay que ir a buscar las flores. No he organizado todos los regalos. Mi madre me está volviendo loca con la comida. Y resulta que no estoy segura de haber hecho la elección correcta con la banda".

• Emma: "Bueno". (Asintiendo con un tono tranquilizador. Sin interrumpir y dándole a Sophie la oportunidad de terminar).

• Sophie: "Quiero estar emocionada. Esta debería ser una semana feliz, pero estoy agotada. Todavía me quedan dos días de trabajo y mi jefe se está comportando de forma desagradable. ¡Quiero dormir!"

• Emma: "Por lo que entiendo, tienes que resolver lo de las flores y los regalos mientras calmas a tu madre, te recuerdas a ti misma por qué elegiste esta banda y sobrevives al trabajo".

• Sophie: "Sí".

• Emma: "Sabes que nunca he estado casada, así que no

puedo pretender saber cómo te sientes, pero tengo una madre ansiosa. ¿Quieres un consejo?"

- Sophie: "¡Por favor!" (Observa que el lenguaje corporal de Sophie ha cambiado. Está más relajada; se ha girado hacia Emma y está mostrando signos de que realmente quiere un consejo y no solo está siendo educada).

- Emma: "Cuando mi madre empieza a estresarse por algo, intento encontrar tareas que la distraigan y la hagan sentir necesaria e importante. Quizás ella pueda hacerse cargo de las flores".

Como es lógico, la conversación debería progresar; sin embargo, me gustaría que te fijaras en cómo el hecho de tener una visión global le permite a Emma reflexionar sobre el significado y los sentimientos de Sophie. En lugar de precipitarse para resolver un problema que no comprende del todo, Emma valida los sentimientos de Sophie y crea empatía. Esto lo hace mediante preguntas que buscan ampliar la información (sin dejar de centrarse en su amiga) y la lectura de señales no verbales para asegurarse de que comprende y es capaz de responder adecuadamente.

Cuando estás realmente en sintonía con lo que dicen los demás, te involucras mejor en la conversación sin utilizar juicios, nociones preconcebidas o incluso tu propio ego para comprender el mensaje.

Hasta ahora, hemos tenido un buen comienzo. Ya sabes leer las señales no verbales y del lenguaje corporal y conoces las técnicas para escuchar activamente lo que otros dicen.

Esto nos lleva al siguiente punto y tu rol en el diálogo: el acto mismo de conversar. Teniendo muy presentes las señales no verbales y la escucha activa, vamos a sumergirnos de lleno en el arte de entablar conversaciones.

CAPÍTULO 5: PRIMERAS IMPRESIONES Y EL COMIENZO DE LA CONVERSACIÓN

"La primera impresión se recibe fácilmente. Estamos constituidos de tal manera que creemos las cosas más increíbles; y, una vez grabadas en la memoria, ¡ay de aquel que se empeñe en borrarlas!"

—*JOHANN WOLFGANG VON GOETHE*

La mente humana es excepcionalmente rápida a la hora de emitir juicios, de modo que, para bien o para mal, los prejuicios también influyen en nuestras primeras impresiones. El efecto halo, o sesgo de la primera impresión, se produce cuando tenemos una primera impresión positiva de alguien que tiende a llevarnos a adjudicar sentimientos automáticamente en relación a esa persona.

Por ejemplo, cuando alguien conoce a una persona guapa, el efecto halo puede hacerle creer que dicha persona es amable y digna de confianza. Por otra parte, si alguien llega tarde, tendemos a asociar a esa persona con falta de organización y profesionalismo.

Un estudio demostró que la gente tarda una fracción de segundo en emitir juicios sobre el atractivo, la simpatía y la fiabilidad (Kelly, 2017). Teniendo en cuenta las implicaciones a largo plazo de una primera impresión y el hecho de que no hay vuelta atrás, es crucial que sea correcta.

Entonces, ¿qué es realmente una conversación?

Una conversación suele ser una interacción informal entre dos o más personas sobre un tema de interés. Pese a que decirlo así hace que suene sencillo, a muchas personas les resulta difícil entablar y mantener dicha interacción social. Para bajar el concepto a tierra, resulta útil concebir una conversación como una danza y, como en la mayoría de estas, hay que seguir una serie de reglas.

Ante todo, una conversación es una calle de doble sentido, lo que se remonta al hecho de que tenemos dos oídos y una boca, y hay que establecer un equilibrio. Por mucho que estemos acostumbrados a expresar nuestras opiniones en las redes sociales, una conversación debe ser una interacción de puntos de vista e ideas.

A veces, cuando los nervios se apoderan de nosotros, podemos olvidar nuestros modales. Por lo general, no es de buena educación lanzarse abiertamente a hablar de temas que podrían ser problemáticos, como la religión o la política, sobre todo tratándose de desconocidos. También es crucial que las cosas que digamos sean agradables. Si queremos parecer amigables, no podemos empezar el diálogo con chismes y palabras poco cordiales.

Está claro que una conversación significativa será aquella que combine las técnicas descritas en los capítulos anteriores. Ten en cuenta tu lenguaje corporal, escucha activamente para poder responder adecuadamente y utiliza las conexiones emocionales para establecer una buena relación.

Siguiendo estas reglas, podrás experimentar conversaciones que te hagan sentir bien y tengan un impacto positivo en tu salud mental. Millones de reacciones químicas se producen en el cerebro cada minuto, lo que provoca la liberación de dopamina, oxitocina y endorfinas. Estas hormonas de la felicidad influyen en nuestro estado de ánimo y repercuten en la relación que mantenemos con alguien.

Antes de entablar una conversación significativa, debemos asegurarnos de que nuestro receptor esté abierto a interactuar, lo que requiere una primera impresión positiva.

Cómo causar una buena primera impresión

Tanto si la primera impresión es correcta como si no, perdurará. Una primera impresión negativa, ya sea por prejuicios o por tus propios errores, dificultará que la persona supere esas opiniones iniciales y hará que tarde más tiempo en considerarte digno de confianza.

Basta ya de hablar de todo lo que puede salir mal. Veamos 25 consejos para que tu primera impresión marque la diferencia.

1. Investiga con antelación para conocer a las otras personas y el entorno. Te ayudará a elegir el lenguaje adecuado y te proporcionará temas para iniciar la conversación.

2. Comprueba tu vestimenta. Tu elección de ropa debe ser

apropiada para la ocasión y debe mostrar tus sentimientos hacia la misma.

3. Prepara algunas cosas a modo de presentación.

4. Piensa en la impresión que quieres causar. ¿Qué quieres que sientan los demás por ti?

5. Muestra respeto mediante el contacto visual inmediato y transmite calidez con una sonrisa genuina. Añade un movimiento de cejas para mostrar interés y felicidad.

6. Repite el nombre de la persona a la que te dirijas. Oír su nombre activará una parte concreta del cerebro y despertará su interés, dándole un subidón de dopamina.

7. Empieza con un cumplido para que la otra persona se sienta bien consigo misma.

8. Sé tú mismo e intenta no preocuparte por lo que piensen otras personas. Tratar de ser alguien que no eres por el bien de los demás es poco sincero y será fácilmente percibido.

9. Deja el teléfono a un lado. Es una distracción y denota falta de respeto.

10. Presta atención a tus ojos y a tu boca, manteniendo esas señales positivas de las que hablamos en acción.

11. No juzgues a otros en función de una primera impresión, ya que pueden estar tan nerviosos como tú o más. Sé optimista.

12. Mantén los dedos de los pies apuntando hacia la persona, los brazos relajados junto a los costados, los hombros hacia abajo y hacia atrás y la barbilla paralela al suelo.

13. Asegúrate de que tus manos estén siempre visibles.

14. Ofrécele a la persona algo para que sostenga, como una bebida o una tarjeta profesional. Esto ayudará a que abra los brazos cruzados y elimine barreras.

15. Baja el tono de voz pero sin exagerar ni sonar falso.

16. Utiliza palabras sensoriales para establecer una buena comunicación. La gente tiende a favorecer un sentido por encima de otros. Si escuchas cosas como "Me conmueves" o "Te escucho", puedes reflejar estas palabras sensoriales.

17. Empareja los adjetivos que utilice la otra persona. Presta atención a palabras como fantástico, asombroso e increíble. Esta es otra forma de establecer una buena comunicación.

18. Rompe el hielo con humor. Ayudar a otros a reír libera hormonas de la felicidad y puede disipar cualquier tensión causada por los nervios.

19. Refleja los niveles de energía del otro. Si alguien está entusiasmado, muéstrate entusiasmado, ¡pero no sigas en ese estado cuando la conversación decaiga!

20. Procurando que lo hagas con la boca cerrada y no en entrevistas, puedes masticar chicle. Se considera que las personas que mascan chicle tienen rasgos más positivos.

21. Si estás en un grupo y ves que alguien quiere unirse a la conversación, da un paso atrás para dejarle entrar.

22. Si ves a alguien que no está hablando con nadie, aproxímate.

23. No te fuerces a dar una primera impresión si no es tu día. Si estás puntualmente ansioso o deprimido, es posible que no puedas con ello.

24. No olvides la última impresión. Termina en positivo, tanto de forma verbal como no verbal.

25. Autoevalúa tu primera impresión. ¿Qué has hecho bien y qué aspectos debes mejorar?

Quizás te preguntes por qué los apretones de manos no están en la lista. Desde la pandemia, el contacto físico se considera casi un paso en falso. Estrechar o no la mano de alguien dependerá de tus preferencias personales, y no debes olvidar respetar las de la otra persona. Si tú y tu interlocutor no se estrechan las manos, acuérdate de igualmente mantenerlas abiertas, sobre todo si es la primera vez que conoces a esa persona.

Afortunadamente, ahora que muchas de nuestras interacciones se realizan por Internet, no tenemos que preocuparnos por los apretones de manos. Sin embargo, este aumento de las interacciones digitales no significa que debamos olvidar la primera impresión que causamos a través de la pantalla.

A la hora de hacer videollamadas, la gente suele pensar que la vestimenta no es demasiado importante. Todos conocemos a alguien que piensa que está bien entrar en una reunión sin pantalones. No obstante, vístete adecuadamente, ya que esto te mantendrá en la mentalidad correcta.

Asegúrate de que el fondo esté libre de distracciones y añade iluminación para resaltar tu rostro. En Internet también existe el espacio personal, así que procura mantenerte a un metro y medio de la pantalla. Por último, mira hacia la cámara web y no hacia la pantalla, sobre todo cuando te presentes.

No olvides revisar la gramática y la ortografía cuando escribas en las redes sociales o envíes correos electrónicos. Los errores pueden ser una señal de que no respetas a la persona lo suficiente como para revisar tu texto y también pueden desviar la atención del mensaje.

Incluso con la mejor de nuestras intenciones, puede haber ocasiones en las que la primera impresión no vaya tan bien como esperábamos. Lo primero que hay que hacer es no dejarse llevar por el pánico, pues aún hay formas de recuperarse.

Olvídate de las típicas preguntas que se hacen cuando recién conoces a alguien, como de dónde eres o a qué te dedicas. En su lugar, intenta hablar de algo que despierte interés. Si hay comida, hacer una referencia a esto puede ser un buen comienzo. De lo contrario, haz un comentario o una pregunta sobre el entorno. Pronto hablaremos más sobre las conversaciones triviales.

Una mala impresión también puede revertirse simplemente cambiando de entorno, así que prueba trasladarte a otra zona. Asimismo, dos de las formas más sencillas de revertir una mala impresión consisten en pedir ayuda y hacerle saber a la otra persona que te agrada.

El responsable de esto es el famoso efecto Franklin, un mecanismo psicológico que puede hacer que pedirle ayuda a alguien haga que le caigas mejor. ¿Y acaso has pensado en lo feliz que te sientes cuando alguien te dice que le caes bien?

Si crees que eres experto en aniquilar una conversación, la siguiente sección te permitirá hablar como un profesional.

Cómo iniciar una conversación que transmita confianza incluso con desconocidos

Ya te has preparado mentalmente, estás contento con tu atuendo y has superado con éxito la fase de la primera impresión y la presentación. ¿Y ahora qué? ¿Cómo iniciar una conversación? Antes de iniciar y mantener una conversación, conviene que sepas cómo no estropearla.

Como ya hemos dicho, evita cualquier tipo de diálogo que implique opiniones tajantes. Si bien la mayoría de la gente está al tanto de la actualidad gracias a las noticias y las redes sociales, entrar en un debate político puede acabar con una conversación o hacer que se torne turbulenta. Evita también temas que puedan herir a la gente, tales como la cultura, la raza, la ética, las creencias personales y los chistes ofensivos.

Esto mismo aplica si quieres iniciar una conversación con alguien que te atraiga. Aunque tengas la tentación de recurrir a una frase para ligar que hayas escuchado, a menudo es mejor optar por un enfoque más directo, como preguntarle si puedes invitarle a una copa.

En cualquier caso, nunca empieces una conversación con un comentario negativo. Esto marcará el tono del resto de la conversación y destruirá cualquier primera impresión positiva que hayas causado. Del mismo modo, no olvides que tu lenguaje corporal, tu compenetración emocional y tu capacidad de escucha ¡no se limitan a la primera impresión!

Un error que puede que cometas es iniciar la conversación con jerga. La jerga es adecuada en determinadas situaciones, pero no al iniciar una conversación con un desconocido.

Evita recurrir a la más agotadora de las preguntas: "¿Cómo estás?" ¿Qué crees que ocurrirá? Pues la otra persona dirá "Estoy bien, gracias, ¿y tú?" Y tú responderás "Bien", y el silencio se volverá incómodo. Empieza con frases abiertas como "Háblame de ti" para poder detectar cosas en común. Si no surge nada, busca una conexión. Si estás en una fiesta, lo más probable es que tanto a tu interlocutor como a ti los haya invitado la misma persona, así que pregúntale cómo la conoce.

Muchas de las formas de iniciar una conversación han sido recicladas durante décadas, lo que hace que sean obsoletas y poco útiles. Cuando le preguntas a alguien a qué se dedica, no muestras ni esfuerzo ni interés genuino. Lo más probable es que obtengas una respuesta corta sobre la profesión de esa persona y listo. En su lugar, pregúntale qué hace para mantenerse ocupado. Es más probable que esa respuesta incluya temas como el trabajo, la vida familiar y las aficiones.

Si vas a hablar con alguien que conoces, intenta no empezar con "¿Qué has estado haciendo?" porque la respuesta más habitual es "Nada". Una frase como "Ponme al día sobre tu vida desde la última vez que te vi" animará a la persona a pensar un poco más porque, de una forma u otra, nuestras vidas están llenas de acontecimientos.

No me canso de repetir que un cumplido puede ser una de las mejores formas de iniciar una conversación. En la última boda a la que asistí, oí por casualidad que alguien mencionaba lo bonitos que eran los zapatos de otra persona. Esto llevó a un grupo de cuatro o cinco personas a hablar de tallas de zapatos, tiendas, calcetines a juego y demás. Sin exagerar, este grupo habló durante unos 20 minutos a raíz de un cumplido.

El cumplido no tiene que estar relacionado con la ropa necesariamente. Aprovecha el contacto visual para elogiar los ojos de esa persona u otros detalles de su aspecto. También puedes mencionar su discurso, presentación o un comentario ingenioso que haya hecho.

Los cumplidos son perfectos para romper el hielo con desconocidos. Estos no solo abren la puerta a una conversación, sino que también ayudan a que la persona se sienta bien consigo misma.

Tus palabras le provocarán un subidón de hormonas de la felicidad y se sentirá más positiva de cara al resto de la conversación.

Hacer cumplidos es especialmente útil si el inglés no es tu lengua materna. En estos casos, debido al vocabulario y la estructura sencilla de las frases, te sentirás menos cohibido por tu nivel de inglés.

Al mismo tiempo, cuando la gente te haga estas preguntas, debes asegurarte de que tus respuestas sean atractivas y ofrezcan la oportunidad de ampliar la conversación. En lugar de limitarte a decir a qué te dedicas, cuenta tu historia.

Por ejemplo: "Soy chef, pero confieso que no cocino en casa. De hecho, tengo la habilidad de quemar tostadas en mi propia cocina". De este modo, le habrás proporcionado a la otra persona al menos dos preguntas potenciales. ¿Quién cocina en tu casa y qué tipo de comida te gusta cocinar?

A continuación, podrás combinar estas ideas con sugerencias para iniciar una conversación en distintas situaciones.

Iniciadores de conversación por tema o situación

Estas son solo algunas ideas para poner en marcha la conversación.

Recuerda que, en cualquier situación, lo primero que debes hacer es explorar el entorno y utilizar tus sentidos para iniciar el diálogo.

Si tienes dificultades, recuerda el método FORD para iniciar una conversación: *Family* (Familia), *Occupation* (Ocupación), *Recreation* (Ocio) y *Dreams* (Sueños).

Al acercarte a un desconocido

- ¿Sabes si hay algo para comer aquí?
- ¿Qué te ha parecido la charla/presentación?
- ¿Es la primera vez que vienes?
- ¿Qué es lo más interesante que has aprendido aquí?
- ¿Tu día está yendo como esperabas?
- ¿Puedo ayudarte con eso?

En una fiesta

- ¿Cómo conoces a la gente de aquí?
- ¿Por qué has venido esta noche?
- ¿En dónde conseguiste tu chaqueta?
- ¿Cómo has pasado el día?
- ¿Habías estado antes en una fiesta como esta?
- ¿Qué tal está tu bebida?
- ¿Me recomiendas alguna bebida?

Durante una cena

- ¿Has probado la pasta de aquí?
- ¿Qué es lo más raro que has comido?
- ¿Cuál es tu tipo de cocina favorita?
- ¿Cuál fue el mejor plato que preparaste?
- ¿Sabes qué tipo de pescado es este?
- ¿Sabes mucho de vinos?

Preguntas para estudiantes

- ¿Qué es lo que más te ilusiona de este trimestre?
- ¿Cómo es vivir con tu compañero de piso?
- ¿Qué te hizo elegir tu carrera?
- ¿Cuál es tu profesor más/menos favorito?
- ¿Has recorrido las instalaciones de la universidad?
- ¿Cuál es tu método de estudio favorito?

A la hora de establecer contactos

- ¿Cuál fue tu primer trabajo?
- ¿Qué te hizo elegir tu carrera?
- ¿En qué departamento estás?
- ¿En qué proyectos interesantes has trabajado últimamente?
- ¿Tu trabajo te permite viajar?
- ¿Cómo haces para superar los retos en tu trabajo?

. . .

Citas e intereses románticos

- ¿Cómo es tu familia?
- ¿Qué te gusta hacer en tu día libre?
- Háblame de tu mejor amigo.
- ¿Cuál ha sido tu último mayor logro?
- ¿Cuál es la peor frase para ligar que has escuchado?
- ¿Cómo sería una segunda cita perfecta?

Los mejores temas de conversación para cualquier situación

- ¿Qué es lo mejor que has visto en Netflix recientemente?
- ¿Qué te ha hecho reír hoy?
- ¿Cuál es tu red social favorita?
- ¿Has estado en algún sitio interesante recientemente?
- ¿Prefieres los gatos o los perros?
- Si solo pudieras elegir una comida/canción/película para el resto de tu vida, ¿cuál sería?
- ¿Preferirías visitar un país cálido o un país frío?
- ¿Qué talento te gustaría tener?
- ¿Cuál es el peor chiste que has escuchado?

En resumen, una primera impresión tarda milisegundos en producirse y puede durar muchísimo tiempo. Para causar una primera impresión positiva, concéntrate en las señales que envíes y mantenlas durante toda la conversación. Mantén las manos visibles y sonríe con sinceridad.

Evita la jerga y las frases típicas que puedan conducir a respuestas de una sola palabra. Además, evita los temas que puedan resultar ofensivos y mantén un equilibrio tanto entre escuchar y hablar como entre preguntar y opinar.

A menudo, la gente olvidará lo que has dicho e incluso cómo lo has dicho. ¡Pero no olvidará cómo le has hecho sentir!

Los temas de conversación son solo el principio. Como ya hemos dicho, es solo el primer paso para aprender a iniciar esta interacción. Es preciso que sepas cómo mantener una conversación e incluso cómo salir de ella. Por eso, ha llegado el momento de nuestra clase magistral.

CAPÍTULO 6: UNA CLASE MAGISTRAL DE CONVERSACIÓN

"Nos debemos los unos a los otros todo el ingenio y el buen humor que podamos poseer; y es que nada aclara tanto nuestro panorama mental como una conversación comprensiva e inteligente".

— *AGNES REPPLIER*

Independientemente del nivel de confianza, en algún momento de una conversación todos nos preocupamos por la impresión que causamos. Queremos que los demás vean nuestra amabilidad y nuestra inteligencia. Iniciar una conversación y escuchar activamente no te llevará al punto en el que la gente te vea como tú quieres. Para ello, es necesario que el intercambio continúe.

El objetivo de las conversaciones fructíferas es encontrar intereses mutuos para descubrir puntos en común. También es importante que tus conversaciones tengan una intención.

La intención puede ser cualquier cosa, desde recibir instrucciones hasta averiguar más cosas sobre alguien para entablar una amistad. Tener una intención clara evitará los momentos incómodos.

El arte de entablar y mantener una conversación

Todo lo que has aprendido hasta ahora te va a acercar un paso más a ser un maestro del diálogo.

Sumerjámonos de lleno en una guía paso a paso para mantener una conversación formidable ante situaciones concretas.

Paso 1: Encuentra tu intención

Suena absurdo prepararse para algo que debería darse de forma natural, pero, a decir verdad, son muy pocas las cosas que hacemos sin preparación, y el hecho de entablar una conversación no es ajeno a esto. Antes de comenzar a conversar, piensa en el quién, el qué, el cuándo y el por qué para ayudarte a identificar el propósito.

Paso 2: Recuerda la lección sobre la primera impresión

Antes de lanzarte, haz un escaneo mental de tu cuerpo para comprobar que tu lenguaje corporal y las señales sociales que estés emitiendo se correspondan con las de un amigo y no un enemigo.

Paso 3: Ten en mente tus estrategias para iniciar la conversación

Elige tres o cuatro iniciadores de conversación de los presentados en el capítulo anterior. Procura que sean bastante diferentes para que puedas iniciar varias conversaciones, pero confía en tu elección para no empezar con demasiados iniciadores potenciales que podrían ponerte nervioso.

Paso 4: Crea marcadores durante la conversación

Crear marcadores sirve para hacer hincapié en una parte concreta de una conversación de tal forma que resulte más fácil hablar de ella en otro momento. En el caso de que la otra persona mencione algo que tengan en común, puedes comentarlo y acordarte de volver a hablar de ello más adelante para profundizar. También puede que tengan un evento en común en el futuro. Hay quienes utilizan chistes internos, pero ten cuidado con esto por si abusas del chiste y acabas ofendiendo a tu interlocutor.

Paso 5: Busca los destellos

Los destellos son esas pequeñas explosiones de entusiasmo que puedes ver en los demás. Puede ser evidente a través de una sonrisa, el brillo en los ojos o un tono de voz elevado. Estos signos están causados por una liberación de dopamina, la cual en este caso ha sido provocada por la conversación que están manteniendo. Aprovecha este momento para hacer más preguntas.

Paso 6: Ten algunas historias preparadas

Una historia interesante es capaz de mantener a tu compañero de conversación cautivado. Esta es una oportunidad para que muestres tu ingenio e inteligencia. Puedes conseguir historias inspiradoras a través de podcasts, redes sociales, o simplemente puedes recurrir a una anécdota divertida que le haya ocurrido a otra persona.

Procura que las historias sean breves para no dar la impresión de ser narcisista. Al igual que lo has hecho con los iniciadores de conversación, ten preparadas unas cuantas historias interesantes.

Paso 7: Fomenta la participación del otro

No olvides limitar tus preguntas para no acaparar la conversación. Las palabras mágicas para fomentar la participación son: "¿Cuál es tu opinión sobre…?" Asegúrate de que tu lenguaje corporal se corresponda de forma genuina con el interés que suscita la respuesta.

Paso 8: Comprende cómo salir de la conversación

Los marcadores son una buena forma de terminar una conversación. Dada la importancia de este paso, entraremos en detalles más adelante. De momento, recuerda que los marcadores son una buena estrategia de salida.

Paso 9: Autoevalúate

Tómate unos minutos para repasar la conversación y evaluar qué ha ido bien y qué signos y señales pueden haberte despistado. Anota con quién debes hablar y comprométete a hacerlo.

Buscando el equilibrio en la conversación

Se habla mucho del equilibrio en la comunicación, el contacto visual y el habla y la escucha. Dentro del ciclo de la conversación también existe un equilibrio; para crearlo, podemos seguir cuatro etapas.

La primera etapa es informar. Entramos en una conversación y proporcionamos cierta información que abre el camino a la segunda etapa. A continuación, invitamos a la persona a la conversación haciéndole una pregunta. Durante la respuesta, se pasa a la tercera etapa y se escucha. La cuarta etapa consiste en reconocer lo que has escuchado.

Para mantener este ciclo, asegúrate de expresar tus ideas iniciales con claridad y confianza. Aunque siempre debes pedir aclaraciones, te resultará más fácil pasar a las etapas siguientes si no son necesarias.

Otra forma de mantener el ciclo en marcha es no dar demasiados detalles de entrada. Imagínatelo como una presentación en la universidad o el trabajo. En primer lugar, empezarías con una serie de viñetas para captar el interés y luego ya ampliarías la información.

A medida que avances por las etapas y el ciclo continúe, tendrás la oportunidad de captar el estilo de conversación de la otra persona, lo que te dice su lenguaje corporal y si hay diferencias culturales que puedan influir en las siguientes fases, como pausas más largas antes de hablar.

Lo bueno de estas etapas es su planteamiento simplista pero eficaz. Cuando veamos los consejos para mantener una conversación, piensa en cómo puedes poner en práctica cada etapa.

• Pregunta sin interrogar: Las preguntas abiertas brindan a la otra persona la oportunidad de dar una respuesta más amplia y equilibrada. No olvides las preguntas de seguimiento. Por ejemplo: "¿Qué has hecho hoy en el trabajo?"

• Visualiza la línea temporal de la otra persona: Este es un gran consejo para organizar tus pensamientos e idear preguntas. Imagina esta línea temporal. Ahora tienes que hacer preguntas para rellenar los espacios en blanco. Por ejemplo: "¿Qué piensas hacer en las vacaciones?"

• Evita las series de preguntas: Ten en cuenta el ciclo. Entre pregunta y pregunta, debe haber respuestas, opiniones y seguimiento. ¡Pregunta y comparte!

- Presta atención a las señales no verbales para mostrar interés: Si muestras un interés genuino, es más probable que la gente comparta información contigo y te haga preguntas.

- Comparte para descubrir intereses en común: Hazle saber a la gente si has leído un libro sorprendente, visto una buena película, probado un nuevo restaurante o hecho cualquier otra cosa que realmente haya captado tu interés. Compártelo y luego haz una pregunta de seguimiento para ver si esa persona comparte tu entusiasmo.

- Mira a la persona de frente: Si estás en un grupo, asegúrate de mirar a la persona que está hablando, mantén el contacto visual con ella y dale tu opinión.

- No hables demasiado fuerte: Una amistad no se desarrollará de forma natural durante la primera conversación. Demasiadas preguntas y demasiado entusiasmo pueden dar la impresión de necesidad y reducir las posibilidades de seguir conversando.

- Las conversaciones no tienen por qué ser lineales: Si sientes que se te están acabando los temas de conversación, debes saber que no pasa nada por volver a un tema anterior y profundizar un poco más.

- Mantente informado: Escanea los titulares, mira qué es tendencia y echa un vistazo rápido a las redes sociales. Solo te llevará unos minutos al día y te preparará para conversaciones relevantes.

- Di lo que piensas: Muchas veces le damos demasiadas vueltas a la conversación. Para adoptar un enfoque natural, di de vez en cuando lo que estés pensando (a menos que sea ofensivo). Intenta dejar de filtrar lo que quieres decir.

- Sé novato: Cuando preguntamos por los intereses de la gente, rara vez tenemos en cuenta lo que eso implica y las habilidades que requiere. Como novato, haz preguntas para aprender más.

- Hila tus conversaciones: Si alguien menciona que acaba de estar de vacaciones o de viaje de negocios, crea hilos de conversación sobre temas relacionados. Puedes hablar del país o lugar, del viaje, del trabajo, etc.

- Recuerda el efecto Pratfall: A la gente le gustarás más si no eres perfecto. Está bien cometer errores y no saberlo todo. Cuando permitas que la gente vea que eres un humano normal y falible, le resultará más fácil relacionarse contigo.

- No te encierres en ti mismo: Recuerda que las personas con las que hablas también están preocupadas por sus propias impresiones y por las estupideces que puedan llegar a decir. ¡Respira hondo y disfruta de la experiencia!

Lo más inteligente que puedes hacer para mantener una conversación es crear un entorno seguro para los que te rodean. Cuando alguien entra en un entorno nuevo y habla con otras personas, está en alerta máxima y utiliza sus sentidos para evaluar el sitio.

En cada nueva conversación ocurrirá lo mismo. Inconscientemente, escaneamos al otro para decidir si existe algún peligro. Recuerda que este peligro no tiene por qué ser físico. ¡También existe el miedo a hacer el ridículo!

El lenguaje corporal abierto, la escucha activa y esa importantísima sonrisa con contacto visual le harán saber al otro que no eres una amenaza. Es entonces cuando las conversaciones empiezan a fluir con facilidad y sentido.

En la próxima sección profundizaremos un poco más en este tema y analizaremos algunas situaciones específicas que pueden requerir un apoyo adicional.

El flujo de la conversación en diversas situaciones

Existen tres ámbitos concretos en los que las conversaciones pueden no fluir como se espera: en el lugar de trabajo o en la universidad, en Internet y con personas tímidas. Veamos cada uno de estos casos en detalle.

El lugar de trabajo/la universidad

La primera de las situaciones potencialmente difíciles se da en el trabajo. Aunque puedas elegir tu grupo social, no siempre será así cuando estés en la oficina, en eventos de *networking* y, hasta cierto punto, en la universidad. Habrá personas con las que necesites comunicarte y, como hemos aprendido, poder dialogar con la gente es beneficioso para nuestra salud mental, incluso aunque debamos hacerlo prácticamente por obligación.

A pesar de que ya se ha mencionado antes, es necesario volver a recalcar la importancia de evitar los chismes en el lugar de trabajo. Puede que caigas en la trampa de hablar de los demás con la intención de crear una conexión, pero lo más probable es que tu interlocutor te pierda el respeto. ¡Algo así ciertamente no establecerá confianza!

Quejarse durante una conversación tampoco está bien visto y puede derivar rápidamente en habladurías. Sin embargo, debes saber que en algún momento te surgirá la necesidad de quejarte del entorno en el que pasas la mayor parte del día. Eso sí, debes hacerlo de forma profesional y con la intención de resolver el problema.

Si necesitas hablar con un compañero de trabajo o incluso con un jefe, ¡ten un plan! Define el problema y asegúrate de tener algunas soluciones potenciales que ofrecer. De este modo, darás la impresión de ser una persona resolutiva en lugar de una quejosa.

Esto nos lleva al momento de la conversación. Si alguna vez intentaste iniciar una conversación y la otra persona te rechazó, puede que te hayas enfadado y hayas perdido la confianza en ti mismo. Quizás hayas pensado que no le caíste bien, cuando, en realidad, lo más seguro es que esa persona haya estado ocupada. Debido a esto, es recomendable comenzar una conversación preguntándole al otro si tiene un minuto libre y, si no es así, programar un momento en el que sí lo tenga.

Para ser considerado un experto en el arte de conversar y comunicarse, debes procurar ser el difusor de la tensión en la oficina. La tensión provoca discusiones; si no controlamos las emociones, alguien saldrá herido innecesariamente.

Aprender a disculparse y compartir el mérito resultan fundamentales si se quiere evitar una discusión. Una disculpa sincera demuestra que eres capaz de reconocer tus errores y tomar las medidas necesarias para corregirlos. Esta no debe ir acompañada de excusas o intentos de culpar a los demás.

Asimismo, aunque estés desesperado por aliviar la tensión, no te disculpes por cosas que no sean culpa tuya. Esto podría interpretarse como una falta de confianza.

Así como debes saber disculparte por tus errores, también debes saber aceptar los cumplidos por el trabajo bien hecho. Antes de acaparar el protagonismo, piensa si hubo otras personas en el proceso que te ayudaron a llegar hasta allí y dales su parte del mérito.

El lenguaje que utilices en el trabajo será distinto del que emplees en otras situaciones sociales. Aunque puede que no sea necesario utilizar un lenguaje formal, es crucial mantener la diplomacia. También hay que asegurarse de que tanto la comunicación verbal como la no verbal sean respetuosas. Por último, comprueba que tu lenguaje sea adecuado en función de tu receptor. Utilizar estructuras gramaticales complejas y vocabulario desconocido puede confundir a los demás e incluso dar la impresión de que eres presuntuoso.

Internet

En primer lugar, ¡vamos a aclarar el tema del *ghosting*! No estoy seguro de cuándo este se convirtió en un comportamiento social aceptable. No solo es innecesario, sino también cruel. Si no te interesa mantener una conversación con alguien en línea, sé sincero. Es posible que pienses que esto le dolerá, ¡pero no le dolerá tanto como pasar días y semanas preguntándose qué ha pasado!

Si sientes que las conversaciones que mantienes en línea se están enfriando, puedes recurrir a otras técnicas, como retomar un tema pasado y llevarlo al siguiente nivel o pasar a temas diferentes pero relacionados.

Lo bueno es que la tecnología nos permite compartir muchas cosas al instante. Basta con enviar una foto o una canción para abrir el camino a nuevas conversaciones. Imagina que le envías a alguien una canción que justo había escuchado en una fiesta; tienes un sinfín de nuevas preguntas sobre el evento.

Además, hay muchas actividades en línea que puedes aprovechar a la hora de relacionarte con otra persona. Imagina hacer un test de personalidad juntos. Las preguntas que surjan podrán dar lugar a conversaciones más profundas de forma menos inquisitiva. Una recomendación adicional es que tomes nota de todo lo que te interese para comentarlo después del test.

También puedes probar con juegos interactivos. Recuerdo una Navidad en la que jugamos al Pictionary por Internet. Además de haber sido divertidísimo, dio lugar a algunas conversaciones interesantes.

Si te cuesta leer las señales no verbales, lo cual es natural, no te contengas con los emojis y los GIFS. Si crees que tienes dificultades para entender el mensaje completo, sugiere una videollamada, lo cual resulta útil cuando conoces a alguien por primera vez. Si notas que es la otra persona la que tiene dificultades, sugiere una llamada. Puede que esto sea lo único que necesite para sentirse menos insegura.

Personas introvertidas y tímidas

Resulta bastante difícil si tanto tú como tu interlocutor comparten estas características, pero, si ninguno de los dos da el primer paso, es posible que al final acaben más tiempo mirándose los pies que hablando.

Si es posible, elige un lugar en el que ambos se sientan cómodos. Los dos estarán más a gusto en una cafetería tranquila que en un bar abarrotado. Si esto no es posible, explora la estancia en busca de una zona más adecuada.

Es importante que las personas introvertidas y tímidas sepan que son aceptadas por lo que son y que nadie está intentando cambiarlas. Intenta empezar con un comentario que le haga saber a la otra persona que la aprecias. Puedes darle las gracias por haber quedado contigo en un sitio concreto y decirle que significa mucho para ti.

Es bueno mezclar preguntas abiertas y respuestas cortas. Así evitarás la presión de las respuestas más largas, las cuales podrían incomodar al otro. Otro buen consejo es conversar mientras se realizan otras actividades, como dar un paseo o cocinar.

Después de conversar, mantén la comunicación en línea. Las personas introvertidas y tímidas suelen destacar en la comunicación escrita. Un mensaje de texto o un correo electrónico les dará a ambos la oportunidad de continuar hablando, fortalecer la relación y hacer que el próximo encuentro cara a cara sea menos abrumador.

El riesgo de que se produzcan momentos incómodos durante una conversación está presente en todas las situaciones anteriormente mencionadas. Veamos brevemente qué puedes hacer para dejar de sentirte incómodo o inoportuno.

Cómo mantener a raya la incomodidad

Si no te sientes confiado durante las interacciones sociales y te cuesta relajarte cuando estás con gente nueva, puede que parezcas un poco torpe o raro. Es normal sentir cierta inquietud en entornos nuevos; sin embargo, si esto acaba limitándote a la hora de hacer lo que quieres, estamos ante un problema.

La torpeza que deriva de la incomodidad no solo se refleja en la dificultad para mantener una conversación. Algunas personas se sienten tan incómodas que acaban hablando demasiado o se muestran excesivamente enérgicas cuando el ambiente del lugar es tranquilo.

Deja de castigarte por esos momentos y cuestiona tu diálogo interno negativo. Puede que te ruborices cada vez que alguien te haga una pregunta. ¿Es motivo para que los demás pongan en duda tu afabilidad o fiabilidad? ¡Claro que no! Recuerda que la gente valora más la autenticidad que las apariencias.

Dicho esto, ¡hay formas de mantener a raya esta molestia!

- Prepara tus preguntas universales: Ten preparadas algunas preguntas que sirvan para cualquier situación y conversación. Estas incluyen cosas como "¿Qué te trae por aquí?" "¿Cómo sabes que...?" y "¿De dónde eres?"

- Evita los temas complejos: Nada puede volver más incómoda una conversación que ciertos temas como la religión, el aborto, la política y la economía. Yo también tendría cuidado cuando se trata de movimientos populares. Movimientos como el #Me Too y #Black Lives Matter son significativos, pero podrían resultar inoportunos si no conoces a la otra persona.

- Contrarresta los silencios: Cuando esa persona empiece a hablar de recortes de impuestos y tipos de interés, procura volver la conversación más interesante. Pregúntale qué haría con un millón de dólares para evitar el silencio que provocan los temas aburridos.

- Presta atención a cuánto compartes: Una desconocida me dijo una vez que su hijo de 2 años era un psicópata que quería hacerle daño con un cuchillo. Incómodo, ¿verdad? ¿A dónde llevas la conversación después de eso?

- Pregúntate qué haría una persona segura de sí misma: Visualízate como cualquier persona segura de sí misma que conozcas y piensa cómo se enfrentaría a esta situación. ¿Haría un chiste, contaría una historia o cambiaría de tema?

- Sé amable contigo mismo: Si tu amigo se sintiera incómodo o estuviera actuando de forma torpe, no lo regañarías. Por el contrario, lo apoyarías y lo tranquilizarías. Trátate a ti mismo de la misma manera.

- Discúlpate un momento y retírate: Si la sensación de incomodidad te supera, ¡aléjate! Ve al baño, respira hondo y haz una pose de poder o prueba una técnica de relajación.

Sentir incomodidad al teléfono es un reto, pues no puedes leer a la otra persona y viceversa. Esto es particularmente aplicable en lo que respecta a la gestión del tiempo.

Cara a cara, podemos dar señales para que la otra persona sepa que estamos apurados. Por teléfono, no. Hay que saber cuánto tiempo debe durar la conversación en función de la intención y comenzar con el tiempo previsto.

Aunque hemos visto que interrumpir está muy mal visto, es posible que sea necesario hacerlo en el caso de las llamadas telefónicas. Si la persona no para de hablar, prepárate para disculparte por la interrupción y llévala de nuevo al tema en cuestión.

No hagas varias cosas a la vez cuando estés hablando por teléfono. Esto no es algo que haríamos en una conversación cara a cara pero, por alguna razón, parece aceptable hacerlo por teléfono.

Es probable que la otra persona se dé cuenta de que no estás prestando atención. Peor es si respondes de forma inadecuada por no haber estado escuchando activamente.

Llegará el momento en el que tendrás que estar preparado para mantener conversaciones incómodas. ¡Sigue estos consejos para reducir la incomodidad al máximo!

- Planifica: Las conversaciones incómodas no deben alargarse más de lo necesario. Limítate a decir lo que tengas que decir y no te salgas del tema. Mientras planificas, ten en cuenta tu tono, tu lenguaje corporal y otras señales no verbales.

- Elige un lugar privado: Evita las zonas concurridas y espacios por donde puedan pasar otras personas, ya que sería inapropiado. Lo que menos necesitas es que te escuchen posibles chismosos.

- No le des espacio al silencio: En esta situación, el silencio puede aumentar los niveles de ansiedad de ambos.

- Evita las conversaciones triviales: El tema de conversación es evidente e innegable, y cualquier tipo de trivialidad aumentará la ansiedad. Ve directamente al grano.

- Siéntate siempre que sea posible: La gente suele sentirse más cómoda si está sentada. Como mínimo, asegúrate de que ambos estén sentados o de pie.

- Adviértele a la persona lo que creas necesario: Para mostrar empatía, avísale al otro que lo que vas a decirle puede ser difícil de oír. Esto le dará la oportunidad de prepararse emocionalmente. Al mismo tiempo, puedes expresar tu malestar por tener que sacar el tema.

- Dale a la persona la oportunidad de hablar: Practica la escucha activa. No te lances a dar consejos hasta que hayas escuchado toda la información.

- Termina la conversación sin incomodidades: Algo sencillo como "Piénsatelo y vuelve a llamarme si me necesitas" le indica a la otra persona que la conversación ha terminado de forma educada.

Hablando de cosas incómodas, nada puede arruinar más rápido una conversación que una salida poco elegante. Si ahora suena en tu cabeza la canción *"Should I Stay or Should I Go"*, necesitas ir ya a la sección final de este capítulo.

Cómo terminar una conversación con gracia y elegancia

Como dice el refrán, ¡un mal postre puede arruinar la cena! Terminar una conversación de la manera correcta va a aumentar la compenetración que construyas con la persona. Esto les generará a ambos emociones positivas y creará una impresión buena y duradera.

El truco está en reconocer las señales de que la conversación está menguando para poder terminarla antes de que surja la incomodidad.

La primera señal, y la más obvia, es la sensación de aburrimiento o de sobrecarga informativa (o emocional) y la necesidad de hacer una pausa. Es posible que la otra persona sienta lo mismo, por lo que debes estar atento a señales tales como una mirada perdida y el hecho de que mire el reloj, se mueva nerviosamente o, incluso peor, bostece y busque una vía de escape.

En ocasiones, cuando se te acaben las ideas, te darás cuenta de que estás repitiendo cosas. Esto no significa que hayas fracasado a la hora de mantener una buena conversación. Todas las conversaciones tienen que terminar en algún momento. De nuevo, si tú o la otra persona están repitiendo las cosas una y otra vez, es señal de que hay que terminar la interacción con elegancia.

Al igual que con temas anteriores, empezaremos con formas generales de terminar una conversación antes de ver situaciones más específicas.

- Menciona planes futuros: "Pásalo muy bien en…"

- Haz un plan: "¿Qué tal si tomamos un café un día para hablar más de esto?"

- Anticipa tu salida: "Una cosa más antes de irme…"

- Marca tu tiempo: "Tengo que irme en unos minutos, pero me encantaría escuchar un chiste más".

- Encuentra al anfitrión: "Aún no he saludado al anfitrión. Por favor, discúlpame".

- Repasa la historia de tu interlocutor: "Gracias por compartir esa historia. Ha sido un placer hablar contigo".

- Reformula la última frase de tu interlocutor: "Tu tía no está bien. Lo siento mucho. Ahora tengo que irme, pero espero que se mejore pronto".

- Ponte al día con otra persona: "Ha sido un placer hablar contigo, pero tengo que ponerme al día con mi amigo".

- Menciona a un conocido: "¡Me tengo que ir, pero Jim te manda saludos!"

- Deja que el otro termine su tarea: "Me gustó haberte visto. Te dejo para que continúes con tu paseo".

- Estrecha la mano utilizando el tiempo pasado: "Fue un placer conocerte".

- Utiliza tu entorno: "Acabo de ver que están sirviendo la comida. Nos pondremos al día más tarde, ¿te parece?"

- Siéntate: "Aunque me ha encantado hablar contigo, estoy agotado y necesito sentarme".

- Sé sencillo: "Gracias por la charla, ahora tengo que irme" o "Por favor, discúlpame, tengo que…"

Cómo finalizar tus conversaciones de networking

- Vuélvete un coleccionista de tarjetas de presentación: "Encantado de conocerte, pero estoy en la misión de reunir más tarjetas de presentación que en mi último evento".

- Sé el que da la tarjeta de presentación: "Aquí tienes mi tarjeta para que podamos hablar más adelante". (También puedes pedirle su tarjeta a la otra persona).

- Mantente al tanto de la evolución de la otra persona: "Todo ha sido muy instructivo; me aseguraré de encontrar más información en tu sitio web".

- Pregunta dónde está algo: "Perdona, pero ¿sabes dónde está el baño?"

- Presenta a tu interlocutor: "Déjame presentarte a Paula. Ella también está trabajando en el cambio de marca en este momento".

- Pídele a tu interlocutor que te presente: "¿Conoces a alguien más que sea desarrollador?"

- Respeta el tiempo del otro: "Sé que tienes muchas otras personas con las que hablar. Te dejaré para que puedas hacerlo".

Cómo finalizar las conversaciones de trabajo

- Tienes trabajo que hacer: "Ha sido agradable hablar, pero tengo que ponerme al día".

- La otra persona tiene trabajo que hacer: "Vaya, debes tener poco tiempo. Podemos ponernos al día más tarde".

- Correos electrónicos y llamadas: "Gracias por la charla, pero tengo que enviar unos correos electrónicos".

- Ir a almorzar: "Ahora tengo poco tiempo, pero ¿por qué no almorzamos?"

- Cíñete a la agenda: "Hemos cubierto todo lo que había en la agenda, así que eso es todo por hoy".

- Dile a la otra persona que encontrarás respuestas: "Ahora no estoy seguro, pero te lo haré saber esta tarde".

- Acaba con la fatiga de Zoom: "Ya hemos hablado mucho hoy. Podemos discutir el resto en nuestra próxima llamada".

Cómo finalizar una conversación en situaciones de emergencia

Has sido educado y has soltado todas las indirectas no verbales, pero la otra persona no ha recibido el mensaje. Has combinado lo anterior con avisos verbales y, aun así, no hay señales de que la persona maleducada, detestable o narcisista vaya a ceder. No tienes ninguna obligación de permanecer en este tipo de conversaciones.

➜ Da un aplauso: Si una persona se niega a dejar de hablar, un aplauso firme puede detenerla y darte la oportunidad de indicarle más directamente que es tu turno.

➜ Levanta la mano: Una señal de alto con la mano puede

indicarle a alguien que se ha pasado de la raya sin tener que expresar verbalmente tus sentimientos.

➜ Utiliza frases educadas para expresar tu frustración:

"*¿Qué tal si acordamos no estar de acuerdo? Dicho eso, debo irme*".

"*Siento no poder comprender tu punto de vista, pero, afortunadamente, todos tenemos derecho a tener nuestra propia opinión. Buena suerte*".

"*Nuestra conversación fue interesante. Me voy a acordar de ti*".

Sea como sea que decidas terminar una conversación, recuerda hacerlo educadamente. Esto implica que elijas un momento del ciclo en el que te toque hablar a ti para no interrumpir (a menos que te veas obligado a hacerlo).

Asegúrate de que tus señales no verbales coincidan con el mensaje verbal de que te marchas. Empieza a tomar tus cosas y a meterlas en tu bolso. Muévete hacia el borde de tu asiento para indicar tu salida. Si te quedas sentado y cruzas las piernas, estarás enviando señales contradictorias.

A veces, la forma más educada de terminar una conversación es con una disculpa. Combinar expresiones como "Me ha encantado encontrarme contigo" con "Pero lamentablemente debo irme" hace que la persona se sienta realmente bien consigo misma y respetada.

Sin embargo, existe un elemento fundamental en las conversaciones que puede funcionar como un arma de doble filo.

Si lo usas bien, te sorprenderá lo fácil que te será mantener conversaciones ligeras y significativas. Sin embargo, si las cosas van mal, puede llegar a ser muy incómodo.

Adivinaste bien; es hora de analizar la infame charla trivial.

CAPÍTULO 7: ¿LA AMAS? ¿LA ODIAS? LA NECESITAS DE VERDAD - LAS BASES DE LA CHARLA TRIVIAL

> "Normalmente, me basta con una charla trivial para formarme una opinión de alguien. Hago un juicio rápido, a menudo completamente equivocado, y luego me aferro a él rígidamente".
>
> — *ALEX GARLAND*

Entre los profesionales y los no profesionales existen sentimientos muy encontrados en lo que respecta a las charlas triviales. A algunos les resultan aburridas y directamente preferirían entablar conversaciones más profundas para construir relaciones significativas. Para otros, este momento de charla ligera puede ayudar a aliviar tensiones.

Pero, para la mayoría, como Alex Garland, las charlas triviales pueden formar parte de la primera impresión tanto con desconocidos como con otras personas.

A medida que hablamos del clima y de deportes, vamos formándonos opiniones duraderas. ¡Es por esto que las charlas triviales no pueden ser ignoradas!

Charlas triviales – Las ames o las odies, también son vitales para las conversaciones

Una charla trivial se define como una conversación ligera e informal y se utiliza frecuentemente con personas que no conocemos muy bien o con personas que no vemos desde hace mucho tiempo. Irónicamente, este tipo de intercambio no tiene nada de trivial. Durante el curso de una charla trivial, nuestro cerebro está procesando toneladas de información, y mucha de esa información es no verbal. ¡Esto es válido tanto para el que escucha como para el que habla!

Las charlas triviales nos brindan la oportunidad de encontrar puntos en común e intereses compartidos. Además, pueden ser una buena oportunidad para practicar la escucha activa. Es gracias a las charlas triviales que podemos superar la ansiedad que haya podido crear cualquier situación y, al mismo tiempo, establecer una conversación sobre temas que requieran que ambas partes se sientan más seguras.

De hecho, estas conversaciones que parecen intrascendentes nos brindan la oportunidad de demostrar nuestra cortesía, amabilidad, empatía e incluso inteligencia.

Las investigaciones han demostrado que las charlas triviales pueden generar emociones positivas y un sentimiento de pertenencia (Sandstrom y Dunn, 2014). Un acto tan sencillo como tratar a un camarero del mismo modo que a un conocido constituye una interacción social importante que conduce a la felicidad.

Las estrategias para entablar una charla trivial son las mismas que debemos trabajar para iniciar una conversación. Dediquemos un momento a recordar estas técnicas cruciales:

- Haz preguntas abiertas: Piensa en las distintas respuestas que podrías obtener a partir de "Está lloviznando, ¿verdad?" o "¿Qué te parece el clima de hoy?"

- Escucha activamente: Aunque la respuesta no sea la más cautivadora, sigue siendo necesario escuchar activamente para evitar respuestas inadecuadas y acabar con la conversación.

- Elimina las distracciones: Aunque se trate de una conversación trivial, sacar el teléfono es de mala educación.

- Sé entusiasta: Las conversaciones triviales pueden ser divertidas y, si empiezas con una actitud positiva, es más probable que obtengas resultados agradables.

- Haz que la persona se sienta cómoda: Aunque puede que una charla trivial no tenga un propósito como una conversación como tal, puedes utilizarla con la intención de alejarte y así y todo hacer que la otra persona se sienta mejor consigo misma.

Notarás cierta correlación entre una charla trivial y el inicio de una conversación. Las principales diferencias entre una charla trivial y una conversación son el nivel de interés y la profundidad de la respuesta. En una charla trivial puedes preguntarle a alguien si se ha quedado atascado en el tráfico como tú. Para iniciar una conversación, puedes preguntarle a esa misma persona cómo mata el tiempo cuando está en un atasco.

Algunos de los temas más seguros durante una charla trivial son:

- Ubicación actual
- Entretenimiento
- Arte
- Comida o cocina
- Pasatiempos
- Carrera profesional
- Deportes
- El clima
- Viajes
- Atracciones locales

Como el clima es un tema tan popular en las charlas triviales, nos tomaremos un momento para profundizar en él. Una charla trivial típica suele empezar con algo parecido a "Vaya, qué calor hace hoy" o "Está lloviendo a mares".

Como una charla trivial se considera educada, es posible que la otra persona responda con un comentario sobre haber dejado la ropa fuera y el drama que esto ha causado.

En un breve encuentro, por ejemplo, pagando algo o esperando para tomar el transporte público, un simple comentario como "Espero que tu ropa haya sobrevivido a la lluvia" causa una impresión duradera. Eres un desconocido, pero has mostrado una preocupación sincera. El hecho de haber mencionado eso ha dejado a la otra persona con una sonrisa en la cara. Puede que no parezca gran cosa, ¡pero ponte en su lugar!

Ahora bien, si se tratara de un evento social y surgiera el mismo tema de la lluvia, podríamos convertirlo en un detonante para iniciar una conversación. Aquí tienes algunos ejemplos prácticos que te servirán para iniciar una conversación a partir de una charla sobre el clima:

• La posibilidad de que la tormenta despeje el aire, cuánto odias/amas las tormentas, la última tormenta que viviste y los daños que hubo, una historia o recuerdo de la última tormenta.

• El clima y tus próximos planes para las vacaciones.

• Qué te gusta hacer durante las diferentes estaciones.

• Tu jardín, los alimentos que intentas cultivar, y cómo la lluvia está contribuyendo a ello.

• Tu hijo, que adora la lluvia por los charcos en los que puede saltar.

• La energía que tienes cuando sale el sol y el buen humor que te transmite.

• El increíble arcoíris doble que viste la última vez que llovió.

• Un evento al aire libre al que hayas asistido recientemente y en el que hayas tenido suerte/mala suerte con el clima.

Observa cómo cada hilo de la charla trivial sobre el clima hace posible el ciclo de conversación en el que ambas personas pueden preguntar, escuchar y experimentar el equilibrio entre la experiencia y las ideas.

Cómo desarrollar y perfeccionar una charla trivial

¡No creas que no puedes prepararte para una charla trivial! Elige tres o cuatro de los temas anteriores e inventa algunas preguntas. Las conversaciones triviales suelen empezar con una afirmación, lo cual está bien, pero empezar con una pregunta tiene más potencial.

Al igual que antes, debes seguir evitando los posibles temas conflictivos. Tomemos, por ejemplo, el tema de los deportes. Abrir una charla trivial con "¿Viste el partido de anoche?" o "¡Qué partido tan increíble el del fin de semana pasado!" da pie a iniciar el intercambio sin el riesgo de que surjan opiniones acaloradas, algo que sí podría ocurrir si inicias con "¿Verdad que los Packers arrasaron en el último partido?"

Puede que ocurra una de estas tres cosas. Puede que a la otra persona no le interese el fútbol, en cuyo caso puedes preguntarle si le interesa algún deporte. En segundo lugar, dicha persona podría responder diciendo lo bien que han jugado los Packers, y así habrán descubierto algo en común. O bien, por último, te darás cuenta de que no le gustan los Packers y sabrás que debes tener cuidado o cambiar de tema.

Las charlas triviales no son necesariamente un momento para compartir demasiados detalles personales, pero compartir la cantidad justa puede establecer una mayor compenetración o, en el caso de los encuentros breves, puede tranquilizar a la otra persona.

Asimismo, si sabes cosas personales de la otra persona, es el momento de aprovechar esto para crear empatía. Si tu interlocutor tiene hijos, muestra interés por ellos. Si lo has visto paseando a su perro, haz preguntas. Estos son temas seguros que ayudan al otro a sentirse más cómodo.

Si alguien olvida tu nombre, no te lo tomes como algo personal. Todos estamos de acuerdo en que a la mayoría se nos da fatal recordar nombres, sobre todo si lo comparamos con recordar rostros. Ciertamente, con tantas señales no verbales, puedes olvidar rápidamente un nombre.

En lugar de tener que bochornosamente preguntarle a la otra persona su nombre 10 minutos después, tómate un momento para disculparte, hazle saber que se te dan fatal los nombres y formula tu pregunta. No te sorprendas si a la otra persona le ocurre lo mismo.

Por último, imagina que la persona con la que estás charlando es un amigo y no un desconocido o alguien que casi no conoces. Esto te ayudará a relajarte y tu cuerpo enviará señales positivas. A cambio, la otra persona se sentirá más relajada y la conversación avanzará con más naturalidad.

Charlas triviales para introvertidos

Si bien las charlas triviales pueden resultar pesadas e incómodas para los introvertidos, quizás descubras que lo que más te asusta es la fase previa más que la charla en sí, sobre todo si sigues estos consejos:

• Disminuye tus niveles de ansiedad: Antes de acercarte a la gente o ponerte en una situación en la que se pueda dar una charla trivial, utiliza técnicas de respiración y *grounding* para controlar tu ansiedad. Recuérdate a ti mismo que la ansiedad procede de ti y no de la situación.

• Utiliza afirmaciones positivas: Sustituye las ideas negativas por afirmaciones positivas. Por ejemplo: "Las charlas triviales tienen un propósito, son divertidas y se me dan bien". Es probable que esta afirmación sea más realista que decirte a ti mismo que te va a ir fatal.

- Utiliza la curiosidad a tu favor: Como a los introvertidos les gusta descubrir detalles, utiliza la charla trivial para descubrir aquello que normalmente se pasaría por alto.

- Añade elementos de conversación a las respuestas "aburridas": Si la pregunta fue "¿Cómo estás?", dale vida con un gancho que pueda dar pie a una conversación trivial. Podría ser "Estoy genial, preparándome para mis vacaciones" o "Estoy mucho mejor ahora que toca relajarse".

- Ten cuidado de no malinterpretar las señales: Es posible que los introvertidos muestren señales que podrían llegar a malinterpretarse, ya sea por ti o por los demás. Moverse inquietamente no es necesariamente un signo de aburrimiento. De hecho, es más probable que la persona esté nerviosa sin más. Además, el hecho de que un introvertido se retraiga no significa que se sienta superior a ti, sino que simplemente es más reservado.

- Practica la autoempatía: A los introvertidos se les da muy bien concentrarse durante mucho tiempo, pero esto puede resultar contraproducente si el foco de atención está en sus propios defectos. Intenta no centrarte en lo que va mal, sino en lo que haces bien y elógiate por ello.

Tanto si eres introvertido, extrovertido o te encuentras en algún punto intermedio, tienes que comprometerte a practicar todo lo que puedas si realmente quieres que se te den bien las charlas triviales. Al principio, la idea de entablar una conversación con alguien mientras esperas el autobús puede resultar aterradora.

¡Pon tu atención en hacer que la otra persona se sienta bien y no en tus nervios!

Cómo hacer que las charlas triviales sean más auténticas

Un buen punto de partida es analizar el lenguaje corporal para decidir si la otra persona realmente quiere entablar una charla trivial.

Señales como los pies apuntando hacia ti, una postura abierta y las cejas levantadas indican que dicha persona está interesada en hablar. Teniendo en cuenta estas señales, es más probable que la charla trivial sea más auténtica.

Para ser auténtico, debes mostrar un interés genuino. Además de la escucha activa y de trabajar el equilibrio comunicativo, es importante no desestimar lo que dicen los demás. Esto se aplica tanto verbal como no verbalmente.

Los signos no verbales de desestimación pueden incluir burlas o gestos de desprecio. El interés genuino incluye interesarse por la opinión ajena sin necesariamente estar de acuerdo con esta.

Lo mismo ocurre cuando se hacen suposiciones sobre los demás.

Las charlas triviales pueden convertirse rápidamente en intentos de "superación". Decir "Estoy bien, pero un poco cansado" puede llevar a la otra persona a responder con algo como "Dímelo a mí, yo estoy agotado porque…" Las conversaciones triviales no tienen sentido cuando se perciben como una competencia.

Por último, no olvides que las conversaciones triviales requieren buenos modales, estímulo mediante palabras de relleno, señales no verbales y alguna paráfrasis para confirmar tu interés y entusiasmo.

Qué hacer si realmente odias las charlas triviales

Hay quienes sostienen que las charlas triviales se pueden evitar, pero esto conlleva una mentalidad muy rígida que impide crecer y mejorar. Al fin y al cabo, ¡este tipo de interacción está en todas partes! Si realmente odias las charlas triviales, es posible que tengas que tener en cuenta algunas de estas cosas para que tengan sentido.

Las charlas triviales te permiten:

• Reiniciar una conversación en pausa.

• Socializar con personas con las que no tienes mucho diálogo.

• Ser sociable sin mayores expectativas.

• Mantener relaciones sociales cuando tengas poco tiempo.

• Disfrutar del hecho de hablar de las cosas más sencillas de la vida.

• Practicar la lectura de señales no verbales y recordar información.

Otra forma de superar tu aversión a las charlas triviales consiste en verlas como un objetivo. Márcate el objetivo de entablar una charla trivial con un completo desconocido en cuanto leas esto. Todo objetivo requiere un plan dividido en pequeños pasos y, por supuesto, una recompensa. Si te recompensas, tu cerebro estará más motivado para fijar el siguiente objetivo.

Visualiza la charla trivial como un puente hacia una conversación más profunda. Si quieres llegar a la parte más sustanciosa de la interacción, es importante que muestres un entusiasmo genuino durante la fase de la charla trivial.

Finalizaremos este capítulo con algunas formas de empezar una charla trivial sin que te sientas torpe, estresado o abrumado.

Preguntas para eliminar la incomodidad durante una charla trivial

En esta sección encontrarás una lista de 26 preguntas que puedes utilizar en una gran variedad de situaciones. En lugar de limitarnos a recordar unas cuantas, trabajemos un poco más para prepararnos para el próximo momento en el que necesitemos entablar una charla trivial.

Para cada una de las siguientes frases, considera la situación en la que las utilizarías, el nivel de cercanía con la persona (completo desconocido o amigo) y qué preguntas de seguimiento podrías hacer para convertir la charla trivial en una conversación. Además, piensa si existen alternativas que podrías añadir a tu colección.

1. ¿Cómo conseguiste este puesto?

2. ¿Qué le ocurre al clima hoy?

3. ¿Cuánto tiempo llevas en este departamento?

4. ¿Cuánto tiempo hace que estás esperando…?

5. ¿Cuál fue tu primer trabajo?

6. ¿Cuál fue el último podcast que escuchaste?

7. ¿Qué mascotas tienes?

8. Si pudieras tener cualquier mascota, ¿cuál sería?

9. De todos tus pasatiempos, ¿cuál te gusta más?

10. ¿Cuál es tu actor favorito?

11. ¿Has trabajado a distancia alguna vez?

12. ¿Hay sitios baratos para comer por aquí?

13. ¿Prefieres cocinar o que te cocinen?

14. ¿A dónde fuiste en tus últimas vacaciones?

15. ¿Estás planeando algún viaje?

16. ¿Cuál era tu asignatura favorita en la escuela?

17. Si fueras profesor, ¿qué asignatura enseñarías?

18. ¿Qué tipo de auto conduces?

19. ¿Qué cosa nunca comerías?

20. ¿Hay alguna película que odies que a todo el mundo le guste?

21. ¿Cómo ha transcurrido tu día?

22. ¿Qué planes tienes para esta noche?

23. ¿Cuándo fue la última vez que te mudaste?

24. ¿Has escuchado a este orador?

25. ¿Conoces algún buen gimnasio por aquí?

26. ¿Has visto las noticias de hoy?

Terminaremos este capítulo con dos ejemplos de charlas triviales que cumplen todos los requisitos, utilizando de nuevo a nuestras amigas Emma y Sophie. En el primer caso, Emma trabaja en la caja de un supermercado. Ambas se conocen de vista, pero nunca han mantenido una conversación.

- Emma: "¡Hola!"

- Sophie: "¡Hola! Me encanta lo que te has hecho hoy en el cabello".

- Emma: "Gracias, los niños me despertaron muy temprano, así que tuve tiempo de arreglarme el cabello de verdad".

- Sophie: "Es todo un lujo tener un par de minutos para ti, ¿verdad? ¿Cuántos años tienen?"

- Emma: "Siete y cinco. ¿Tienes hijos?"

- Sophie: "Sí, tienen ocho y cuatro. Tengo que ir corriendo a buscarlos ahora".

- Emma: "¿A qué escuela van?"

- Sophie: "Saint James's, así que al menos no está lejos".

- Emma: "Oh, mis hijos también van allí. A lo mejor nos vemos en la puerta. Espero que llegues a tiempo".

- Sophie: "Gracias. Hasta pronto y ¡que tengas suerte consiguiendo otros 5 minutos de paz hoy!"

Afortunadamente, unas semanas más tarde, Emma y Sophie están esperando en la puerta del colegio. Gracias a la charla trivial que sostuvieron previamente, ahora tienen la oportunidad de entablar una conversación más interesante. Sophie ha hecho un esfuerzo por recordar información antes de empezar la charla trivial, lo que hará que Emma se tranquilice al instante.

- Sophie: "¡Hola! ¿Conseguiste tus 5 minutos extra esta mañana o no tuviste tanta suerte?"

- Emma: "¡Hola! (Sonriendo). Por suerte sí, pero hoy preferí tomarme un café tranquilamente. ¿Cómo va tu día hasta ahora?"

- Sophie: "Productivo. Todavía tengo actividades extraescolares, pero aprovecharé para ponerme al día con algunos correos electrónicos".

- Emma: "Mi hija pequeña hace gimnasia rítmica y es adorable verla. ¡Aunque una hora suele ser suficiente! ¿Qué hacen tus hijos?"

- Sophie: "A Iván le encanta el fútbol y a Sam le gusta mucho la zumba. Si fuera por ellos, harían algo todos los días, pero creo que ya sería demasiado con los deberes y tareas. El día no tiene tantas horas".

- Emma: "Lo sé. De hecho, voy a zumba una vez a la semana y me siento culpable por no estar en casa con ellos".

- Sophie: "¡No puede ser! ¿Haces zumba? Empecé el año pasado en el gimnasio de la ciudad, pero no me gustaba el instructor".

- Emma: "He oído lo mismo de otros. Yo voy a la clase de los jueves en el centro comercial. ¡Deberías apuntarte!"

- Sophie: "Puede que lo haga. La próxima vez que te vea, te pediré el número. Gracias. ¡Me has alegrado el día!"

- Emma: "El placer es mío. ¡Podríamos ir a tomar algo después!"

Como habrás notado, en ambos casos las mujeres comparten suficiente información como para sentirse cómodas. Son sinceras y empáticas sin intentar iniciar ningún tipo de competición. Al final de cada conversación, se han asegurado de terminar de forma positiva para que la siguiente interacción sea más fácil de iniciar y ambas puedan marcharse con una impresión favorable.

Una de las claves para que su charla trivial se convirtiera en una conversación fue que ninguna de las dos cayó en el fenómeno del "reflejo". Es decir, cuando una persona dice algo y la otra lo repite.

Cuando Sophie dijo que el día no tenía suficientes horas, Emma podría haber replicado: "No, ¡el día no tiene suficientes horas!", y es posible que esto hubiera provocado una pausa en la conversación o un silencio incómodo.

A pesar de que las charlas triviales tienen fama de ser aburridas y negativas, esto no tiene por qué ser así. Por el contrario, si adaptas tu estado de ánimo y aprecias las ventajas de esta interacción, descubrirás que puedes sacar mucho provecho de ella tanto para establecer y fortalecer relaciones como para mejorar tu salud mental.

Las charlas triviales y las conversaciones son una cosa, pero pensar con claridad y no dejar que las emociones se interpongan es otra. Veamos cómo puedes dejar de sobrepensar al entablar conversaciones con otras personas.

CAPÍTULO 8: EL ORDEN A PARTIR DEL CAOS

"El caos fue la ley de la naturaleza; el orden, el sueño del hombre".

— *HENRY ADAMS*

Hace años, durante el desarrollo de mis habilidades conversacionales, mi mente era un caos absoluto. La verdad es que abarqué demasiadas cosas a la vez. Si a esto le sumamos mi ansiedad y cómo me sentía ante las distintas situaciones y conversaciones, ¡puedo afirmar sin temor a equivocarme que mi mayor sueño era poner un poco de orden en mi vida!

Las principales complicaciones que dificultan la comunicación efectiva

Tanto el entorno en el que nos encontramos como nuestras condiciones intrapersonales e interpersonales pueden distorsionar nuestra comunicación verbal y no verbal. Puede que la idea del entorno sea más fácil de comprender. Si estás en un callejón oscuro, tanto tú como la otra persona van a estar más alerta, tal vez incluso más recelosos de todo lo que ocurre. Consideremos brevemente otros factores que pueden influir en nuestra comunicación:

- Preocupación: A menudo, las personas se preocupan tanto por la impresión que causan que no logran captar el mensaje completo.

- Bloqueos emocionales: Una conversación puede estar tan cargada de mensajes que la forma de expresar e interpretar dichos mensajes se ve afectada.

- Hostilidad: La presencia de un sentimiento de enojo en el momento o a raíz de una conversación anterior puede hacer que la interacción acabe derivando en un desahogo.

- Carisma: El hecho de que alguien transmita un mensaje de forma muy carismática puede distorsionar el mensaje porque, al hacer algo más grandioso de lo que podría ser, es menos probable que el oyente cuestione lo que se está diciendo.

- Experiencias pasadas: Podríamos inclinarnos a no escuchar activamente basándonos en nuestras experiencias pasadas y prejuicios derivados de situaciones similares.

- Propósitos ocultos: Los propósitos ocultos pueden hacer que tanto el que habla como el que escucha solo presten atención a lo que les convenga según sus necesidades individuales.

- Distracción: Como hemos visto anteriormente, distraerse no permite una escucha activa. Algo así podría deberse a preocupaciones personales.

- Estar a la defensiva: Cuando las personas se sienten inseguras, pueden ponerse a la defensiva y malinterpretar el mensaje o el propósito del mismo.

- Estatus: Las personas de menor estatus pueden estar preocupadas por causar una buena impresión. Aquellos con un estatus más alto pueden tener que lidiar con la envidia y también con la impresión que causan en los demás.

Superar estos factores requiere pensar y sentir. Puedes interpretar estos dos actos como "hablar con la cabeza" (el pensamiento), que explica la situación interactiva, y "hablar con las tripas" (el sentimiento), que describe cómo entendemos nuestras interacciones.

Las declaraciones que hacemos al pensar son algo natural e implican definiciones, afirmaciones y conexiones. Estas afirmaciones tienen que ver con la lógica, las reglas, la verdad o la falta de la misma. Es por eso que nos obligan a usar el cerebro. Cuando decimos "Creo que es una mala idea", es porque estamos basando nuestra frase en la lógica y la razón.

Cuando utilizamos frases que expresan sentimientos, estamos sintonizando con nuestras entrañas e instintos. De este modo, no hay una verdad absoluta ni valoraciones morales; solo hay emociones auténticas y otras que carecen de sinceridad. Fíjate en la misma frase, pero desde las tripas: "Siento que esto es una mala idea". El impacto del mensaje no es el mismo. Como no es factual, no tiene el mismo peso.

Los humanos somos buenos condicionándonos cuando se trata de nuestros sentimientos internos, especialmente cuando nos referimos a emociones más intensas. Esto puede llegar a ser un problema y acabar provocando bloqueos emocionales capaces de limitar nuestras experiencias.

También existen otros problemas relacionados con la gestión de los sentimientos. La proyección suele ser un problema común en los grupos, principalmente cuando negamos nuestros verdaderos sentimientos y los proyectamos en los demás para justificar nuestros prejuicios.

Algunas personas caen en la trampa de suponer lo que sienten los demás e intentar determinar el motivo de sus actitudes y emociones. En esencia, esto desvía la atención del mensaje y conduce a intentos de adivinación mental.

Los metasentimientos constituyen la forma definitiva de crear el caos en la mente. Imagina frases como "Supongo que cuando me siento…" Estos metasentimientos son pensamientos y opiniones sobre tus sentimientos. Los metasentimientos engloban, entre otros, la ansiedad provocada al pensar en un miedo o la vergüenza como consecuencia de la tristeza o el asco.

Para que nuestra comunicación sea eficaz y significativa, necesitamos desarrollar la capacidad de hacernos dueños de nuestros pensamientos y sentimientos. Asumir la responsabilidad de tu mente y tus entrañas garantiza que el otro sepa exactamente cuál es tu posición y, por lo tanto, cuál es la suya. ¡El resultado final es una comunicación auténtica!

¡Abordemos primero nuestras emociones!

Cómo controlar tus emociones

Habrá habido ocasiones en las que tus intentos de comunicación hayan salido mal al creer que tenías tus emociones bajo control pero tu cuerpo decía lo contrario. El cerebro te decía que te calmaras y no explotaras de ira, pero tus señales delataban tus verdaderos sentimientos. Muchas de nuestras señales no verbales dependen de la regulación emocional.

Mejorar nuestra regulación emocional mejora nuestra comunicación. Esto se debe a que no solo comprendemos mejor nuestros propios pensamientos y sentimientos, sino que el mensaje se recibe con mayor claridad porque aprendemos a identificar las emociones de los demás.

Regular las emociones no significa ignorar los sentimientos intensos. Hay que procesarlos y comprenderlos. Sin embargo, dado lo mucho que ocurre durante el proceso de comunicación, lo primero que hay que hacer es calmarse para poder estar plenamente presentes.

- Respira: ¡Resulta tan fácil olvidar respirar para calmar el sistema nervioso autónomo y salir del modo de lucha, huida o congelación! Presta atención a tu respiración y a tus sentidos.

- Ancla tu cuerpo: Mientras cuentas, tócate cada dedo de la mano con el pulgar o presiona firmemente los dedos de los pies contra el suelo. Esta técnica puede ayudarte a liberarte de la rumiación y a mantener la concentración.

- Muévete: Ponerse de pie o caminar ayuda a activar la parte pensante del cerebro. Para asegurarte de hacerlo de forma no agresiva, menciona que sientes la necesidad de levantarte o estirarte un poco.

- Escucha a tu cuerpo: Si tu corazón se acelera y puedes sentir cómo se acumula la tensión, tómate unos segundos para calmarte y no decir algo de lo que te puedas arrepentir. Abre los brazos, echa los hombros hacia atrás y deja que los pulmones se llenen de oxígeno. Al exhalar, visualiza la tensión abandonando tu cuerpo.

- Utiliza un mantra tranquilizador: Ten una frase corta que puedas repetir en tu cabeza para recordarle a tu cerebro que tienes el control. Prueba con frases como "Soy capaz de resolver este problema" o "Controlo mis emociones".

- Evita la transferencia: Si otra persona se muestra enfadada, sarcástica o manipuladora, no dejes que sus problemas se transfieran a ti. Esto solo hará que la situación se descontrole. De nuevo, utiliza la visualización para crear un escudo protector a tu alrededor.

- La aclaración es crucial: Comunicarnos con nuestro instinto y no con nuestra mente puede llevarnos a malinterpretar el mensaje, ya que las emociones lo bloquean. Si tienes dudas, pide más información o parafrasea lo que te han dicho.

- No ignores a tus tripas: Aunque queramos involucrar al pensamiento, ahora eres o pronto serás un maestro de las señales no verbales. Si intuyes que algo no va bien, ten fe en tu instinto.

- Asume tu responsabilidad: Si has cometido un error, reconócelo. Ganarás mucho más respeto y la tensión se disipará. Esto también es válido para asumir la responsabilidad de tus emociones. Si crees que has actuado de forma inapropiada, discúlpate.

- Empatiza hasta cierto punto: Tú eres responsable de tus emociones y, al mismo tiempo, la otra persona tiene que ser responsable de las suyas. Muestra empatía cuando el otro esté estresado y agobiado, pero no permitas que esto se vuelva una excusa para adoptar un comportamiento agresivo o abusivo.

- Tómate un descanso: Si la conversación sigue cargada emocionalmente a pesar de tu esfuerzo, comunícale a la otra persona que vas a tomarte un momento para pensar en lo que se ha dicho y que volverás a hablar de ello cuando lo hayas considerado todo.

- Tómate tu tiempo: Después de una conversación especialmente emotiva, tómate un momento para calificar tus emociones con la mayor precisión posible. Haz lo mismo con la otra persona basándote en sus señales verbales y no verbales. Considera también por qué se produjeron esas emociones.

Tenemos que dejar de pensar que las emociones son buenas o malas. Todas las emociones, especialmente en la comunicación, tienen un propósito. Cuando se utilizan correctamente, estas emociones percibidas como negativas pueden ayudarnos.

Por ejemplo, si estás enfadado y te has tomado el tiempo de procesarlo sin que haya habido un cambio, es señal de que necesitas hablar con la persona que te ha causado dicho enfado.

Aunque no quieras mostrar tristeza a fin de causar una primera impresión positiva, puedes permitirte ser vulnerable ante algunas personas.

La ansiedad es especialmente dañina cuando se reprime. A veces, reconocer y admitir tus tensiones es suficiente para sentirte mejor. Por otro lado, no querrás admitir tu ansiedad cuando los demás esperen que les infundas confianza.

Lo bonito es tomarse un momento para hacer una pausa. Reconocer y clasificar con precisión las emociones requiere práctica e incluso así, a veces, podemos confundirlas.

Si no estás seguro de tu emoción y de si puede hacerte bien o mal, tómate un momento para hacer una pausa. Estamos hablando de unos segundos que podrían literalmente cambiar la eficacia de tu comunicación, tal como cuando respiras hondo para calmarte.

Así pues, hemos mencionado que necesitamos regular nuestras emociones y fomentar nuestro lado pensante, pero ¿qué ocurre cuando pensamos demasiado?

Habla, no pienses demasiado

No hay duda de que la tecnología ha cambiado la comunicación para mejor, pero no debemos ignorar el hecho de que detrás de esa realidad color de rosa se esconde una consecuencia negativa: ¡sobrepensar!

¿Con qué frecuencia has intentado compartir un mensaje en las redes sociales y has pasado demasiado tiempo pensando en la redacción? ¿Con qué frecuencia has publicado dicho mensaje y has sentido que has fallado? ¿Cómo te sientes cuando alguien lee tus mensajes y no responde?

Una vez más, perdemos el tiempo dándole vueltas a lo que creemos que está mal. De hecho, es posible que incluso le enviemos otro mensaje a la persona preguntándole por qué está enfadada con nosotros. Al darle tanto poder a nuestras cavilaciones, ¡se nos olvida que tal vez esté ocupada!

Sobrepensar es una forma de autotortura que solo crea más problemas. Ya sea cara a cara o digitalmente, ¡encerrarnos en nuestra propia mente nos impide tanto escuchar como hablar!

En esta sección vamos a analizar cómo podemos dejar de pensar en exceso para mejorar la comunicación.

• Reconoce el pensamiento excesivo: Puesto que se trata de un ciclo, el hecho de sobrepensar no acabará a menos que tú lo decidas. Es importante que sepas reconocer cuándo tus pensamientos no están sirviendo a un propósito útil y abordarlo. Dite a ti mismo: "Estoy sobrepensando y es hora de parar".

• Busca pruebas: Comprométete con tu lado pensante y descubre si hay algo de verdad en lo que está causando tu rumiación. Ten cuidado de no caer en distorsiones cognitivas como la catastrofización o la adivinación.

• Pon las cosas en perspectiva: ¿Es una situación de vida o muerte? ¿Sobrepensar te ayudará a resolver tu problema o solo hará que lo pospongas?

• Acepta lo que está bajo tu control: Si tus pensamientos excesivos giran en torno a algo que no puedes controlar, lo más probable es que solo consigas provocarte más estrés y ansiedad, y el ciclo continúe.

• Redirige tu energía: Si estás en una conversación cara a cara, dirige tu atención al lenguaje corporal del otro, concretamente a las microexpresiones que requieren más esfuerzo a la hora de leerlas. Si la interacción es digital, retírate y haz algo diferente para romper el ciclo.

• Intenta no tomarte las cosas como algo personal: Como has descubierto, la comunicación es un proceso complejo y no todo el mundo acierta siempre. Si alguien se comporta de forma extraña, recuerda que probablemente no sea por ti.

• Practica la atención plena: La atención plena activa los sentidos y nos anima a bajar el ritmo tanto física como mentalmente. La respiración y la meditación guiada te permitirán ser más consciente de ti mismo y disfrutar el presente.

- Encuentra los medios para ser proactivo: Pensar demasiado en un problema retrasa la acción. Divide el problema en pasos más pequeños y ponte manos a la obra. ¡Encontrarás tu motivación!

- Prueba una clase de improvisación: Puede sonar un poco extremo, pero las clases de improvisación implican juegos de rol y espontaneidad, por lo que no hay margen para sobrepensar. Además, es una oportunidad para ver que las cosas no siempre salen según lo previsto, y esto no significa que sea el fin del mundo.

- Comete errores a propósito: Aunque esta opción también suena extrema, puede ser muy útil. Si estás pensando demasiado en lo que puede salir mal, cometer un error deliberadamente te permite enfrentarte a los miedos, especialmente en lo relativo a las reacciones de otras personas.

- Vigila tu autoestima: Sobrepensar durante una conversación podría ser un signo de baja autoestima. Recuérdate a ti mismo lo que aprendimos en el *Capítulo dos* para no dejar de trabajar tu autoestima y tu autoconciencia.

Sobrepensar es, por desgracia, un hábito muy natural. Es importante que no prolongues el ciclo pensando demasiado en tus propios pensamientos excesivos. Estas estrategias que acabas de leer reducirán la rumiación durante tus conversaciones, pero igualmente no deberías castigarte por ello.

Por otro lado, si sobrepensar empieza a afectar negativamente tu vida, puede que sea el momento de hablar de esto con alguien. Tanto un amigo como un terapeuta podrían ayudarte. Sobrepensar es una conducta especialmente destructiva para las personas que tienen ansiedad social, son introvertidas y tímidas.

La ansiedad social, la introversión y la timidez pueden provocar miedo a ser juzgado o rechazado socialmente, lo que, a su vez, lleva a pensar demasiado. Más allá de las técnicas anteriores, es importante que comprendas tu valor personal para dejar de sobreanalizar las situaciones sociales.

Valídate a ti mismo para no abordar las situaciones sociales buscando la validación de los demás. Escribe una lista de todo aquello que se te dé bien y léela a menudo. Intenta evitar compararte con los demás; esto puede implicar una desintoxicación digital, especialmente de las redes sociales. Y no olvides practicar el autocuidado. Come los alimentos adecuados, duerme lo suficiente y haz ejercicio.

Tanto para situaciones sociales como para conversaciones que vayas a tener o ya hayas tenido, es una buena idea reservar algo de tiempo y darte permiso para sobrepensar. Tómatelo como una sesión diaria para desahogarte. Fija un temporizador de 10 minutos, elige un lugar tranquilo y piensa, habla en voz alta o escribe tus rumiaciones. Sé firme contigo mismo. Cuando suene el temporizador, ¡ponte manos a la obra!

La rumiación y el pensamiento excesivo son temas psicológicamente desconcertantes, y es imposible examinarlos en profundidad aquí. Si crees que necesitas más apoyo, comprensión y estrategias, puedes consultar mis libros *Cómo dejar de pensar negativamente* y *Cómo dejar de sobrepensar*.

Ahora que sabemos más sobre el pensamiento excesivo, será más fácil entender por qué, en algunas conversaciones, ¡parece sencillamente imposible dejar de hablar!

Adiós a los divagues – Cómo organizar tus pensamientos

Todos tenemos la impresión de que existe un proceso de pensamiento, lo cual es cierto, pero esto nos hace creer que un paso sigue lógicamente al siguiente. Tenemos una idea y la soltamos. Puede que la idea no tenga sentido porque los pensamientos están revueltos en nuestra mente.

A menudo, esto se debe a nuestras emociones. Algunas personas se sienten muy nerviosas o entusiasmadas, y empiezan a hablar demasiado deprisa. Esto puede confundir al oyente de forma notoria, así que sigues hablando con la esperanza de que las piezas de tu idea acaben teniendo sentido. Puede que empieces a hablar incluso más rápido con la esperanza de no perder el foco. Pero ocurre lo contrario.

Antes de continuar, recuerda esta frase: Una preparación adecuada previene un rendimiento deficiente. En efecto, para procesar los pensamientos y las ideas y prepararlos de forma lógica, nuestro cerebro necesita tiempo. Tanto si vas a dar una presentación de una hora como si vas a ponerte al día con tus amigos, es necesario pensar en lo que vas a decir antes de hablar.

Durante este lapso de tiempo, puedes descifrar lo que es relevante y lo que no a fin de no salirte del tema. Además de lo que vas a decir, puedes preparar cómo lo vas a decir. No hace falta que te hagas el listo ni que compliques demasiado las cosas. Debes asegurarte de que tu vocabulario, tu lenguaje y tu tono sean adecuados para tu audiencia.

Aparte de la preparación, aquí tienes otros consejos para evitar los pensamientos desorganizados y las divagaciones:

- Lee todo lo que puedas: Lee periódicos, revistas, libros y blogs. Todos estos recursos ampliarán tu vocabulario y te enseñarán a expresar las cosas de diferentes maneras.

- Practica expresándote de distintas formas: Para mantener la atención de tu audiencia, evita repetir palabras y estructuras. En lugar de decir gracias 10 veces, prueba con "Te lo agradezco mucho", "Te lo debo" o "Eres el mejor".

- Anota lo que has aprendido: Escribir lo que has aprendido convierte las ideas en frases visuales. Escribir mantiene tu proceso de pensamiento conciso a la vez que vincula las ideas en una estructura.

- Céntrate en un tema: Una vez que se ha tratado un tema por completo y no quedan cabos sueltos ni confusiones, entonces es el momento de pasar al siguiente.

- Haz pausas: Realizar pausas en una conversación posibilita que sucedan muchas cosas. Puedes respirar, tu mente tiene unos segundos para procesar el siguiente pensamiento y el otro tiene un momento para digerir el mensaje.

- Deja de sobrepensar centrándote en los demás: La forma más rápida de desordenar tus pensamientos es pensar demasiado en el otro. Fíjate en lo que hace la otra persona mientras hablas, ¡y así podrás relacionarte mejor con esta en lugar de pensar a toda velocidad!

- Detén tus divagaciones con una pregunta: Si te das cuenta de que estás hablando demasiado, para y haz una pregunta. Al igual que las pausas, esto te da un momento para retomar el hilo.

- No temas al silencio: Algunas personas no pueden dejar de hablar porque temen que el silencio sea algo malo. Concede unos segundos de silencio antes de sentir la necesidad de volver a hablar.

- Busca tratamiento para los problemas subyacentes: Las personas con síndrome de Asperger, TDAH y trastornos de ansiedad pueden divagar como forma de evitar experiencias internas. Tratar estas condiciones puede reducir la divagación sin tener que trabajar directamente sobre la misma.

Hablar en público es una de las experiencias más angustiosas por las que la mayoría de nosotros tenemos que pasar en algún momento. Esto puede llevarnos rápidamente a divagar tanto por la ansiedad como por la dificultad que supone mantener la atención de un grupo en comparación con la de una o dos personas.

Para evitar las divagaciones ante un público más amplio y aumentar la participación, hay que seguir el esquema PREP. El acrónimo PREP corresponde a las siglas inglesas de *Point* (punto), *Reason* (razón), *Example* (ejemplo) y *Point* (punto). Veámoslo en acción.

- Punto: "Tenemos que idear formas de reducir nuestros gastos generales".

- Razón: "Debido al aumento de los costos, nuestros beneficios trimestrales son menores, y esto repercutirá en las inversiones futuras".

- Ejemplo: "Si logramos abastecernos de materiales alternativos que no reduzcan la calidad de nuestro producto, nuestros resultados aumentarán."

- Punto: "Al reducir los gastos generales, dispondremos de recursos para invertir en la nueva tecnología que todos deseamos".

Seguir estos cuatro sencillos pasos no dejará lugar a divagaciones, pues el público sabrá exactamente lo que estás tratando de decir. De esta forma, el tema no se desvía, el discurso es breve y directo y no hay posibilidad de que se produzcan malentendidos, ya que no hay palabrería entre los cuatro pasos.

Parece un enfoque bastante directo, incluso frío y grosero, pero en realidad no es más que una forma de ser asertivo. Hay ocasiones en las que necesitamos dejar claro un punto de manera más contundente. Ser asertivo y no divagar mantiene el interés de la gente. Y mantener el interés de la gente ¡hará que esta vuelva por más!

CAPÍTULO 9: EL FACTOR DEL INTERÉS

"Ser tú mismo en un mundo que intenta constantemente convertirte en alguien más es el mayor logro".

— *RALPH WALDO EMERSON*

Ser genuino y auténtico suele ser un reto si estás constantemente preocupado por cómo te perciben los demás.

Es entendible; todos queremos dar la impresión de ser amables e inteligentes e intentar aburrir al resto lo menos posible.

Como ocurre con la comunicación en general, el factor del interés es una calle de doble sentido. Por mucho que quieras que la otra persona se interese por ti, tú también tienes que mostrar interés por ella.

Ya hemos visto cómo la comunicación no verbal puede proyectar interés por lo que dice la otra persona. Ahora ha llegado el momento de aprender a mantener una conversación cautivadora.

Pasos para desarrollar el factor de interés

Mantener una charla trivial es la base para entablar conversaciones interesantes. Hacer preguntas apropiadas, como las que se ajustan al método FORD, puede evitar que te estanques en temas sin sentido. Una conversación unilateral puede resultar aburrida, así que asegúrate de ofrecer también algo de información personal sobre ti.

Cuando tu interlocutor comparta información, intenta centrarte en lo que está diciendo en lugar de comenzar a sobrepensar. Cuando alguien hable de sus últimas vacaciones, en lugar de pensar que no sabes nada del lugar y que, por lo tanto, vas a estropear la conversación, haz una pregunta complementaria.

Una vez sentadas las bases mediante la charla trivial, es hora de pasar a conversaciones más profundas, y aquí es donde entra en juego nuestra curiosidad. La curiosidad es como el pegamento que hace que las conversaciones no pierdan fuerza.

La curiosidad activa diferentes partes del cerebro. Una de ellas es la sustancia negra, responsable de la producción de dopamina. Otra es el área ventral tegmental. Esta parte del cerebro interviene en nuestra motivación y cognición. Por último, se activa el hipocampo, que contribuye al aprendizaje y la memoria.

En resumen, la curiosidad favorece la producción de hormonas de la felicidad, los sentimientos positivos que nos provoca una conversación y nuestra capacidad para recordar información. Por eso, si mantenemos la curiosidad, mantendremos el interés. ¿Cómo lo conseguimos?

• Establece expectativas realistas: No todo el mundo que conozcas va a ser superinteresante, y tu nivel de interés va a depender de la relación con la persona. Como es de esperar, estarás más interesado en lo que hizo tu amigo el fin de semana que en lo que hizo un desconocido.

• Analiza tus ideas preconcebidas: Si nos hemos formado opiniones de alguien antes de una conversación, puede ser difícil superarlas y encontrar interés. Que alguien "parezca" aburrido no significa que lo sea.

• Determina qué significa para ti ser interesante: Ten curiosidad por conocer tu espectro de intereses y qué hace falta para que otras personas te resulten interesantes. ¿Te interesa más un determinado tipo de persona o tema?

• Tranquiliza a tu crítico interior: Es difícil sentir curiosidad por los demás cuando te preocupa tu ropa o tu peinado. Permítete ser imperfecto a fin de no generar más ansiedad.

• Busca los detalles: Busca los detalles más pequeños para hacer cumplidos y suscitar conversaciones agradables. Esto es especialmente beneficioso si descubres una joya única u otro accesorio.

• Crea tarjetas de memoria: Si no eres bueno recordando detalles, crea tarjetas recordatorias para cada persona que quieras y repásalas antes de acudir a eventos sociales.

• Aprecia las diferencias de las personas: Nuestras interacciones sociales son más diversas que nunca, y puede que sientas que esto crea barreras para llegar a un punto en común. Muestra curiosidad por las diferencias con respeto.

- Ve tus diferencias como fortalezas: Aquello que tú consideras un defecto propio puede ser una fortaleza y un punto de interés para los demás.

- Encuentra personas afines: Si te resulta muy difícil mantener el interés, empieza por hablar con gente que tenga pasatiempos similares a los tuyos y haga actividades que te gusten. Ya tienes un interés en común.

- Vincúlate con gente y cosas que te interesen: Utiliza la tecnología a tu favor y sigue a grupos y a otras personas a las que les interesen las mismas cosas que a ti. Este puede ser un entorno seguro para practicar tus habilidades de conversación.

- Prueba nuevos intereses: Probar cosas nuevas y hablar de ellas transmite una oleada de entusiasmo genuino y renovador. Además, esto hará que aprendas nuevas habilidades y amplíes tus círculos sociales.

- Siéntete cómodo cambiando de tema: Si te aburre un tema, busca un momento de calma en la conversación y no tengas miedo de introducir uno de los temas del *Capítulo cinco*.

- Asume que tienes algo en común con todo el mundo: Haz suficientes preguntas, escucha y comparte, y encontrarás algo en común.

- Reconoce los puntos bien expresados: La gente está acostumbrada a que la otra persona intente sacar ventaja durante la conversación. Aceptar los argumentos de los demás es reconfortante, crea equilibrio y ayuda a abrir la conversación a nuevas posibilidades.

- No tengas miedo de admitir que no sabes algo: Por mucho que quieras parecer inteligente, no tiene sentido fingir. Admitir que no sabes algo es ser honesto. Intenta añadir una frase a continuación para no acabar con la conversación.

• Pregúntale al otro acerca de sus pasiones y sueños: Ya hemos dejado atrás las charlas triviales y estamos trabajando para desarrollar una relación más estrecha. Una cosa es hablar de aficiones y otra de lo que realmente motiva a las personas en la vida.

Prestar atención es esencial para despertar la curiosidad y el interés.

El hecho de que un tema comience a cambiar de forma natural durante una conversación no significa que se haya tratado por completo.

Haz un gran esfuerzo por recordar detalles sobre los intereses de los demás para que, más adelante, puedas hacer preguntas abiertas que te ayuden a descubrir cosas nuevas.

Dicho esto, hay algunas preguntas que conviene evitar.

Los peligros de las pseudopreguntas

"Si un árbol cae en un bosque y no hay nadie cerca para oírlo, ¿hace ruido?" Este es un ejemplo clásico de una pseudopregunta.

Las pseudopreguntas son aquellas que no pueden responderse o que se formulan de tal manera que solo acaban derivando en una opinión o una afirmación.

De este modo, debido a que quien formula la pregunta no está realmente interesado en la respuesta, se pierde rápidamente el interés por la conversación. Sin embargo, esta también podría ser una forma de instar a la otra persona a que esté de acuerdo con lo que se está diciendo.

Estos son los principales tipos de pseudopreguntas:

1. Preguntas cooptadoras

Estas son preguntas formuladas por alguien que solo busca lo que quiere oír o lo que se ajusta a su propósito. Dichas preguntas podrían empezar con cosas como "¿No crees que…?" o "¿No preferirías…?"

2. Preguntas punitivas

Por definición, el término punitivo significa castigo, de forma que estas preguntas pretenden castigar o exponer a alguien sin hacerlo directamente. Un ejemplo sería pedir pruebas de algo que no existe. Normalmente, la pregunta se limita a poner en un aprieto a la otra persona.

3. Preguntas hipotéticas

Para mí suelen ser una pérdida de tiempo. Si alguien te pregunta qué hubieras hecho en su lugar o en el de otra persona, lo más probable es que solo esté buscando argumentos para criticar las decisiones ajenas.

Los "si" y los "qué pasaría si" no sirven para nada si no estuvimos presentes en esa situación, así que no podemos dar fe de lo que hubiéramos hecho.

Sin embargo, hay algunas preguntas hipotéticas que pueden ser divertidas y entretenidas.

Por ejemplo: "¿Qué harías si conocieras a tu celebridad favorita?" o "Si ganaras un millón de dólares, ¿cómo lo gastarías?"

4. Preguntas imperativas

Este es el clásico ejemplo de una pregunta que en realidad equivale a una orden. Si un padre quiere preguntarle a su hijo si ha hecho los deberes (sabiendo perfectamente que no los ha hecho), sus palabras podrían ser algo así: "¿Ya has hecho los deberes?"

Lo curioso es que al padre no le interesa la respuesta; simplemente está utilizando la pregunta para decirle indirectamente a su hijo que haga los deberes.

5. Preguntas encubiertas

Las preguntas encubiertas ocultan lo que una persona no se atreve a preguntar directamente. Imagina que vas a salir con alguien a cenar. En lugar de preguntarle qué le apetece comer, le preguntas si le gusta, por ejemplo, la comida italiana. Esto lo haces con la esperanza de que la persona te responda afirmativamente.

¿Cómo reaccionará esta persona si no le gusta la comida italiana? ¿Correrá el riesgo de disgustarte o se atreverá a aguantar una comida que no le gusta?

6. Preguntas trampa

Hacer preguntas como "¿Es justo decir…?" o "¿No estás de acuerdo…?" es jugar con la vulnerabilidad de los demás. De esta forma, se induce a la persona a dar una respuesta determinada.

7. Preguntas retóricas

Las preguntas retóricas tienen muchas formas. Crear drama o enfatizar un punto en lugar de buscar obtener una respuesta puede ser uno de sus usos. A veces, la gente utiliza estas preguntas para hacer que una sugerencia parezca grupal. Obviamente, también se pueden utilizar para forzar a alguien a estar de acuerdo con una pregunta de una o dos palabras como "¿Verdad?" o "¿De acuerdo?".

8. Preguntas de tipo "Te pillé"

Esta es simplemente una forma de intentar pillar a alguien por sorpresa o atraparlo. Suelen ser preguntas casi de sondeo o de tipo chismoso como "¿No te he visto…?" o "¿No eras tú el que…?"

Es probable que hayas notado que estas preguntas forman parte de tu comunicación habitual. No te preocupes, pues no eres el único que utiliza estas formas indirectas de comunicación. De hecho, ahora que eres consciente de ellas, es probable que notes de inmediato cuando otra persona las utilice.

Por tu parte, procura ser más directo con tu comunicación y utiliza afirmaciones o declaraciones sin intentar formularlas como una pregunta. No intentes esconder tus ideas y opiniones en una pregunta.

Volvamos a cautivar a otras personas con el arte de contar historias.

Cómo contar historias cautivadoras

Tus presentaciones, charlas triviales y conversaciones van bien. Te sientes cómodo hablando de los temas propuestos por el método FORD y divulgando una cantidad suficiente de información personal. Gracias al contacto visual, a las muestras verbales de interés y a un sano equilibrio entre escuchar y hablar, parece que tienes la situación bajo control.

Es entonces cuando te das la vuelta y ves a alguien con una multitud a su alrededor, todos fijos en él, pendientes de cada palabra que dice. ¿Qué tiene esa persona de especial? La capacidad de contar historias increíbles.

Contar historias nos permite intercambiar información sobre nuestras experiencias vitales. Cuando compartimos nuestras historias, obtenemos retroalimentación social, y esa retroalimentación nos ayuda a moldear nuestra identidad. Estas historias son también una forma de conectar e identificarnos con los demás.

Las historias pueden servir para comunicar ciertos comportamientos, normativas y aquello designado como bueno o malo. Contar chismes no se ajusta a las normas sociales aceptables; por el contrario, contar una historia de bondad o heroísmo muestra a los demás valores importantes.

Lograr captar la atención de una multitud supone una gran inyección de confianza y un saludable subidón de ego. Hablar de uno mismo activa la misma parte del cerebro que comer algo rico o tener relaciones sexuales. De hecho, nos sienta muy bien contar cosas sobre nosotros y que el resto esté interesado en oírlas.

¡Sigue estas estrategias para mejorar tu capacidad de contar historias!

- Elige historias que merezcan la pena ser contadas: Echa un vistazo a tus recuerdos en busca de historias llenas de acontecimientos o que tengan un propósito concreto. Si es la historia de otra persona, ¿por qué te interesó?

- Conoce el género de tu historia: Las historias pueden ser divertidas, terroríficas o tristes, por nombrar solo unos ejemplos. Tu tono tiene que ser el adecuado según la historia y, más importante aún, asegúrate de que tu historia sea apropiada para la situación.

- Engancha al público desde el principio: Tanto la energía como el tiempo de la gente son muy valiosos. Ten en cuenta que no te escucharán si no les interesas desde el principio. El gancho también debe ser relevante para la situación.

- Crea tensión: Después de que hayas enganchado a la audiencia, debes aumentar la tensión conforme avance la historia. Esto mantendrá la atención hasta el final.

- Utiliza tu lenguaje corporal: Tus gestos y expresiones pueden transmitir emociones durante el curso de la narración. Tu forma de moverte indica tu propio nivel de interés en la historia.

- Haz que el público sienta empatía: Cuenta tu historia de forma que los oyentes sientan lo mismo que los personajes y así se adentren más en los sucesos. Esto implica que los personajes sean identificables.

- Piensa en el nivel de detalle: Una buena historia tiene suficientes detalles como para ofrecer una imagen precisa sin pasarse de la raya y alargar demasiado la trama o distraer la atención del punto principal. ¡Explicar demasiado mata la imaginación!

- Comparte el contacto visual: Si cuentas tu historia a un grupo, debes asegurarte de mirar a todo el mundo. De vez en cuando, desplaza la mirada hacia otra persona para que todos se sientan incluidos.

- Dale ritmo a tu historia: ¿Qué partes son mejores si se habla más deprisa y dónde sería beneficioso hacer una pausa? Recuerda que estos detalles pueden transmitir emoción y suspenso.

- Recuerda tu tono: Bajar el tono de voz puede enfatizar la

tristeza. Puedes volver a revisar el *Capítulo cinco* para encontrar formas de utilizar tu voz de manera más eficaz.

• Aprende a terminar tu historia: Ya sea un remate o el detalle clave, el final de tu historia tiene que tener un impacto duradero en tu audiencia. No dejes que ninguna distracción te impida terminar la historia.

• Empieza con una persona: Practica contándole tu historia a una persona, luego a dos, y ve aumentando gradualmente hasta llegar a grupos. La atención debe centrarse siempre en la historia, no en el número de personas a las que se la cuentas.

• Ve videos: Los videos de oratoria te ayudarán a ver cómo la gente utiliza sus habilidades comunicativas para cautivar al público. No obstante, si quieres ir un poco más allá, mira videos de humoristas, los maestros de la narración.

• No te rindas: Te llevará unos cuantos intentos sentirte realmente seguro contando historias, especialmente con grupos grandes, ¡pero eso no significa que no lo estés haciendo bien! Márcate un objetivo y recompénsate por tus logros.

Contar historias es una forma maravillosa de fortalecer las relaciones.

Estas nos llevan más allá de lo básico y nos revelan más cosas sobre nuestro pasado y sobre cómo nuestras experiencias nos han llevado hasta donde estamos hoy.

Pero recuerda que, aunque contar historias propias estimula nuestros sentimientos de felicidad, también es importante respetar a los demás y prestar atención a lo que tengan para decir.

Es muy probable que tu interlocutor tenga historias interesantes que quizás quieras compartir con los demás, ¡lo que te dará más oportunidades de practicar!

No todas las historias tienen por qué ser divertidas, pero como dijo Peggy Noonan, "El ingenio es una función de la inteligencia verbal" y, en nuestro empeño por entablar una comunicación inteligente e interesante, el ingenio es la clave fundamental.

Conversaciones cautivadoras - El arte de las bromas ingeniosas

Utilizar bromas y ocurrencias ingeniosas contribuye a que las conversaciones resulten más interesantes. Las personas ingeniosas son capaces de establecer conexiones únicas entre ideas y observaciones. Imagina el ingenio como una gimnasia verbal en la que se juega con las palabras y el lenguaje para crear compenetración, confianza e incluso intimidad.

Aunque algunas personas parecen ser más ingeniosas por naturaleza que otras, esta habilidad puede aprenderse, sobre todo si amplías continuamente tu vocabulario y tus conocimientos lingüísticos.

Las bromas u ocurrencias ingeniosas cambian según las personas, la situación y las distintas personalidades. El coqueteo ingenioso, el sarcasmo moderado, el humor autocrítico, las burlas juguetonas y las respuestas absurdas son algunos ejemplos de este tipo de comportamiento. Antes de analizar los distintos tipos de bromas u ocurrencias, veamos por qué nos benefician.

Este tipo de comportamiento desenfadado crea vínculos más estrechos en situaciones casuales. Las personas que son capaces de reírse juntas pueden generar más confianza e intimidad. Al mismo tiempo, te da la oportunidad de mostrar tu inteligencia y conocimientos sin ser demasiado formal.

Saber cuándo y cómo utilizar el ingenio puede elevar cualquier tipo de conversación al siguiente nivel o hacer que sea menos aburrida. Un juego de palabras oportuno, una metáfora o una cita de una película pueden aliviar la tensión y dar paso a un nuevo tema.

Hay algunas cosas básicas que no hay que hacer a la hora de utilizar bromas u ocurrencias ingeniosas. Es fundamental que emplees esta habilidad correctamente. De lo contrario, puedes sonar inculto, sarcástico e incluso grosero.

• Bromea solo con tus conocidos: El sentido del humor de cada persona es diferente. Hasta que no conozcas a una persona, no sabrás cómo reaccionará.

• Las bromas no deben hacer hincapié en los defectos: Aunque puedes bromear sobre algunas cosas, nunca debes ofender ni burlarte de nadie. Sé consciente de la línea que separa el humor de la mala educación.

• Evita los temas controvertidos: Al igual que en las conversaciones, existen temas polémicos y controversiales que deberías evitar. Aquí se incluyen las inseguridades de las personas, incluso si las conoces bien.

• Los cumplidos malintencionados no son divertidos: "Hoy tienes el pelo precioso. ¿Te lo has lavado?" Este aparente cumplido es en realidad un insulto que da a entender que la persona no se lava el pelo con la frecuencia necesaria.

• Aprende a parar: Presta especial atención a las señales no verbales para asegurarte de que la otra persona no se sienta incómoda o de que no hayas ido demasiado lejos. Si lo has hecho, una disculpa será de gran ayuda.

Ahora pasemos a lo bueno. Empecemos con consejos y técnicas generales para empezar a añadir ingenio a tus conversaciones.

• La confianza ayuda al ingenio: Si no te sientes cómodo contigo mismo, el ingenio no fluirá con naturalidad. Tus comentarios tienen que pronunciarse alto y claro y hacerte sentir a gusto en la situación social.

• Trabaja tu lenguaje corporal: Las bromas ingeniosas no deben dar lugar a mensajes contradictorios. Si haces un comentario chistoso, tu lenguaje corporal no puede ser cerrado ni agresivo.

• Combina tu ingenio con expresiones faciales: Sonreír sutilmente, levantar una ceja o morderse el labio pueden aumentar el impacto.

• Practica con las personas adecuadas: Como ocurre con tu confianza, no te sentirás cómodo practicando tu ingenio con personas que te inquieten. Prueba tu ingenio con tus hermanos, primos o amigos íntimos.

• Aprovecha tus dotes como narrador: Tus propias experiencias son perfectas para hacer comentarios ingeniosos que aporten más gracia a la historia. Memoriza algunas anécdotas y encuentra la forma de añadir tu ingenio.

• Sé oportuno: A todos nos sucede que se nos ocurre hacer un comentario ingenioso justo cuando la persona se está yendo. El hecho de que esto ocurra no implica que debas precipitarte. Recuerda que interrumpir es de mala educación, mientras que un segundo de pausa puede reforzar el tono humorístico.

- Encuentra enlaces inesperados: A veces, las cosas más divertidas surgen gracias a un elemento sorpresa. ¡Piensa en *Peppa Pig* y *un desayuno inglés completo*!

- Practica el ridículo: Los sonidos graciosos y las expresiones faciales absurdas pueden ayudarte a relajarte y a sacar tu lado más alegre. Si necesitas inspiración, mira a Jim Carrey en acción.

- Prueba el humor autocrítico: Debido a que la idea es que te burles de tus propios defectos, esta forma de practicar el ingenio resulta segura. Las personas que son capaces de bromear sobre sí mismas tienen más probabilidades de ser consideradas dignas de confianza.

- Mantente presente: Si estás sobrepensando o tu mente empieza a divagar, ¡perderás la oportunidad de utilizar tus conocimientos y tu humor!

- Ve comedias: Son muchas las comedias en las que uno o varios de los personajes son graciosos por naturaleza. En lo que respecta al humor inteligente, mi favorita es *Frasier*, pues los cinco personajes principales tienen un estilo diferente.

- Ten cuidado con las bromas por mensaje de texto: Recuerda que, con la falta de señales no verbales, es más fácil tomarse a mal una broma que llega por escrito. Pronuncia el texto en voz alta y utiliza emojis y GIFs para enfatizar el tono jocoso.

Dado que pueden eliminar cualquier incomodidad inicial, las bromas ingeniosas resultan perfectas a la hora de coquetear. El humor y la inteligencia son cualidades muy deseables y pueden aumentar el atractivo. En muchos sentidos, bromear con la persona que te gusta es muy parecido a bromear con un amigo, pero tienes que aumentar ciertas señales para asegurarte de que haya interés.

En primer lugar, el contacto visual prolongado crea intimidad. Una sonrisa, una mueca o un guiño, especialmente durante un momento de silencio, puede avivar la chispa. También deberías añadir cumplidos intercalados para que la otra persona sepa que te gusta de esa manera y por si no ha captado tus señales no verbales.

Ten cuidado de no pasarte de la raya y acabar hiriendo a la otra persona. Cuando una broma va demasiado lejos, puedes hacer que el otro se sienta mal consigo mismo. Bajar la autoestima de una persona con la esperanza de que necesite tu aprobación es manipulación emocional.

Entre otros signos de manipulación están los comentarios poco honestos, la falta de límites y el hecho de aprovechar el sentimiento de culpa. ¡Las personas pasivo-agresivas también abusan de las bromas ingeniosas!

Como es posible que no conozcas a esa persona tan bien como a tus amigos, limítate a hacer bromas ligeras y no ofensivas, especialmente en relación a algo que esa persona haya mencionado sobre sí misma. Hacer comentarios aludiendo a su obsesión por la limpieza o a que cocina fatal no debería representar ningún peligro.

Cuando otros bromeen contigo, lo mejor será que les sigas la corriente. La mayoría de las veces, solo estarán intentando entablar una relación contigo más que ofenderte. Además, es una buena práctica recordar que quizás esta otra persona también esté aprendiendo a desarrollar su ingenio. Dicho eso, si alguien está siendo grosero, ¡no tienes por qué tolerarlo!

Ahora que hemos pasado a hacer que las conversaciones sean interesantes, es el momento de ver cómo, más allá de las historias que tengas para contar, puedes mantener conversaciones significativas, forjar conexiones emocionales y hacer amigos.

CAPÍTULO 10: CONVERSACIONES Y CONEXIONES SIGNIFICATIVAS

"La conexión humana profunda es… el propósito y el resultado de una vida con sentido, y esta inspirará los actos más asombrosos de amor, generosidad y humanidad".

— *MELINDA GATES*

No hace falta volver sobre todas las cosas negativas que abundan en el mundo.

En su lugar, ¿no sería genial que todos pudiéramos experimentar más actos de amor, generosidad y humanidad?

Ya hemos mencionado la importancia de la compenetración. Una vez establecida, podemos empezar a apreciar las conexiones significativas.

Cómo establecer una mejor compenetración con los demás

La compenetración es importante para nuestra vida personal y profesional porque nos permite conectar emocionalmente con los demás. Es un proceso que a veces puede ocurrir casi instantáneamente y otras veces lleva un poco más de tiempo.

En algunas ocasiones, puede que conozcamos a alguien y sintamos que no hay nada en común; esto podría llevar a que la compenetración sea mucho más difícil de desarrollar. Es por esto que la charla trivial es tan importante. Con las habilidades adecuadas, te resultará mucho más fácil encontrar puntos en común.

Repasemos los aspectos más importantes de las charlas triviales para entablar una relación más rápida.

- Asegúrate de ir vestido adecuadamente para la ocasión.

- Mantén un lenguaje corporal abierto y amistoso, inclinándote suavemente para mostrar interés.

- Recuerda las reglas de la conversación y el equilibrio entre escuchar y hablar.

- Empieza con temas seguros, no controvertidos, y haz preguntas abiertas para descubrir más.

- Añade humor sencillo para compartir risas y aumentar la confianza.

- Ten la determinación de encontrar puntos en común y experiencias compartidas.

- Trabaja tu conciencia emocional para poder responder adecuadamente.

- Refleja las señales no verbales.
- Muestra empatía y comprensión.

Aunque hemos visto un montón de preguntas tanto para charlas triviales como para iniciar una conversación, aquí tienes otras ocho que te encaminarán hacia una mejor compenetración:

1. ¿Cuál es el mejor consejo que has recibido?
2. ¿De qué logro te sientes más orgulloso?
3. ¿Qué superpoder elegirías tener y por qué?
4. ¿Qué es lo más interesante que has aprendido recientemente?
5. ¿Qué problema te gustaría resolver hoy?
6. ¿A quién admiras o respetas?
7. ¿Qué ciudad o país te gustaría visitar?
8. ¿Qué es lo más emocionante que te ha ocurrido recientemente?

A estas alturas, probablemente ya hayas tenido ocasión de practicar tus habilidades entablando charlas triviales y hayas notado cómo las conversaciones, tanto con desconocidos como con conocidos, se vuelven más fáciles e incluso más amenas. Ahora es el momento de comenzar con temas que realmente creen conexiones.

Cómo lograr conversaciones profundas y significativas

Para empezar, hay que tener en cuenta que no todo el mundo está preparado para mantener conversaciones de este tipo. Puede que la otra persona no esté en el estado de ánimo adecuado, que tenga prisa o que necesite más tiempo para entablar esa relación tan importante antes de revelar más cosas sobre sí misma. También es posible que no tenga suficientes conocimientos sobre el tema de conversación como para profundizar.

Durante la charla, busca señales que indiquen que la persona está interesada en hablar del tema con más detalle. ¿Se le ilumina la mirada? ¿Habla más rápido y en un tono más alto? ¿Te hace preguntas de seguimiento?

Si la respuesta es negativa, lo mejor es cambiar de tema y seguir buscando señales que indiquen que la persona quiere profundizar en la conversación. No te ofendas ni sientas que has fracasado. El interés por profundizar debe ser mutuo.

Otra cosa a tener en cuenta antes de pasar a las técnicas es la "netiqueta". Investigar a las personas que vas a conocer te da una mejor idea de sus intereses, logros e incluso su familia y educación. Si vas a encontrarte con un desconocido, especialmente con alguien con quien vas a tener una cita, también es una buena idea asegurarte de que sea quien dice ser.

Sin embargo, buscar a alguien en Google antes de conocerlo puede resultar un poco raro. Hay quienes creen que no se debe buscar a la gente en Google porque eso impide hacer preguntas importantes para conocerla mejor, pues es posible que ya hayamos descubierto las respuestas.

En general, buscar a alguien en Google es una práctica aceptada, pero no hay un sí o un no universal sobre si se debe o no hacer. Si no quieres parecer un acosador, utiliza la información que descubras para iniciar conversaciones, pero evita cosas como "He visto en Internet que tú…" Ten en cuenta que esto podría dar fácilmente una impresión equivocada.

Así que la charla va bien. ¿Y ahora qué?

• Aporta energía a la conversación desde el principio: La energía de una persona es fácilmente perceptible en una conversación, y esto refleja su nivel de interés. Aunque no tienes que estar saltando por los aires, tienes que aportar la energía adecuada.

• Invita a los demás a hablar de sus sentimientos: Si descubres que alguien se ha mudado de casa o ha cambiado de trabajo, puedes preguntarle cuál ha sido la causa del cambio, dándole así la oportunidad de hablar de sus sentimientos ante una situación sin presionarlo demasiado.

• Ten en cuenta los cuatro factores principales de una conversación significativa: No es el tema de la conversación lo que la hace significativa, sino la humildad, la curiosidad, el respeto y la confianza en uno mismo.

• Haz preguntas que le den al otro la oportunidad de expresarse: Utiliza preguntas como "¿Cómo fue eso?" o "¿Cómo te hizo sentir?" Un interés genuino puede ayudar a la otra persona a sentirse cómoda a la hora de abrirse.

• Excluye las preguntas que busquen descubrir el porqué de algo: Cuando preguntamos el porqué de algo durante una conversación más significativa, es posible que nuestro tono se imponga ante la otra persona. Hacer esto podría dar la impresión de que estamos juzgando al otro o que no entendemos por qué ha hecho lo que ha hecho. Intenta reformular las preguntas que contengan un "por qué".

• Mantente motivado: Cuando sientas que te falta motivación para hacer preguntas y escuchar activamente, recuerda que lo que estás haciendo es un acto de bondad y que, después de la conversación, habrás marcado una diferencia en la vida de esa persona.

- Piensa en el flujo y el contexto: ¿El ambiente es el adecuado para mantener una conversación significativa? ¿Hay demasiada gente o distracciones? El hecho de que alguien los interrumpa romperá la fluidez de la conversación.

- Comparte tus sentimientos: Crea vínculos entre un tema y cómo esto ha impactado en tu vida, relación, etc. ¿Qué aprendiste de eso y cómo impactará en tu futuro?

- Prepárate para aprender: Aprender cosas nuevas es inspirador. Intenta aprender algo nuevo sobre la otra persona, sobre ti mismo o sobre un nuevo concepto o idea.

- Evita conversaciones significativas con personas narcisistas: Cualquiera que esté demasiado preocupado por sí mismo no estará interesado en escucharte ni en mostrarte empatía. Que tú lo escuches no significa que él te escuchará a ti.

Aquí tienes algunas preguntas que te facilitarán el camino hacia conversaciones más profundas:

- ¿Qué característica quieres seguir teniendo cuando tengas noventa años?
- ¿Cuál es tu objetivo más importante en este momento?
- ¿Qué miedo quieres superar?
- ¿Qué es lo más peligroso que has hecho?
- Si pudieras cenar con alguien, vivo o muerto, ¿con quién sería?

- ¿Cuál es tu primer recuerdo?
- ¿Cuál es el mayor desencadenante de tu estrés?
- ¿Qué te hace sentir vivo?
- ¿Qué sueño o pesadilla recurrente tienes?

Nunca sientas la necesidad de forzar una conversación significativa. Las charlas triviales son perfectas para todo el mundo. Por el contrario, las conversaciones profundas no tienen por qué darse con todas las personas que conozcamos. Si empiezas a forzar estos temas más pesados, corres el riesgo de que la otra persona salga herida en consecuencia, pues podría sentirse incómoda divulgando cierta información sobre sí misma. Confía en tus instintos y en las señales que has aprendido.

Ahora bien, la capacidad de mantener conversaciones más significativas aumenta cuando conoces a personas afines.

Cómo conocer personas afines

Lo primero que tienes que hacer es conocer mejor a los que te rodean. Suena ridículamente sencillo, pero probablemente haya personas con las que te cruces a menudo y solo hayas entablado una breve charla trivial.

Si crees que no hay gente a tu alrededor con la que quieras conectar, empieza a ir a reuniones, clubes y eventos donde haya personas que compartan tus intereses. Esto no incluye bares, discotecas y fiestas, pues pese a que son lugares estupendos para conocer gente, no son propicios para crear una conexión especial.

Este es un buen momento para reevaluar tus aficiones e intereses y buscar actividades locales en la comunidad. Piensa más allá y únete a un club de senderismo, hazte voluntario en un albergue o apúntate a un curso de programación informática o cocina. Si quieres salirte de lo convencional, crea tu propio grupo en Internet en función de tus intereses. No hace falta ser un experto para convocar a otros.

Paralelamente a mis aficiones y pasatiempos, me gusta echar un ojo a los tablones de anuncios (físicos y digitales) de las comunidades locales para ver si hay algún proyecto que me interese. Por ejemplo, no hace mucho hubo un proyecto para crear una parcela comunitaria para cultivar alimentos para los necesitados. Ahora hay un grupo de unas veinticinco personas que se reúnen para cuidar la parcela y también para tomar algo y buscar otros proyectos juntos.

Otra forma de conocer gente nueva es a través de aplicaciones. Seguramente estés más que familiarizado con aplicaciones de citas como Tinder, pero apps como Bumble BFF facilitan las relaciones platónicas. Sé selectivo con los amigos que hagas. Lo importante no es el número de personas que conozcas, sino dedicar tiempo a forjar conexiones significativas.

Es posible que, cuando alguien te proponga un plan, sientas la tentación de negarte porque ya tienes muchas cosas entre manos. Esa negativa puede ser una excusa para no salir de tu zona de confort. Esfuérzate por decir que sí al 50% o 70% de las invitaciones.

Por último, y una vez más ridículamente sencillo, haz un seguimiento de aquellas personas con las que realmente hayas congeniado. Por alguna extraña razón, puede que decidas esperar a la próxima vez que te las encuentres por casualidad. Ten en cuenta que esto podría deshacer parte del trabajo que te ha llevado llegar hasta aquí. ¿Realmente quieres volver a empezar con las charlas triviales y conocer a la persona de nuevo?

Así es como las relaciones casuales se convierten en amistades para toda la vida, ¡algo que todos necesitamos!

Por qué necesitas amigos en la edad adulta

No es fácil hacer amigos de adulto. Estamos ocupados con el trabajo, encontramos pareja, formamos una familia y los compromisos y responsabilidades se apoderan de nuestras relaciones sociales. Además, a medida que crecemos y cambiamos, es habitual que nos alejemos de los amigos de la infancia que habíamos supuesto que estarían siempre con nosotros.

No obstante, los amigos en la edad adulta son cruciales para nuestro bienestar mental y físico. Las investigaciones han demostrado que la soledad tiene efectos secundarios negativos y que, por el contrario, mantener fuertes vínculos sociales puede aumentar la esperanza de vida (Giles et al. 2005). Las amistades pueden mejorar la salud cardíaca y aliviar el estrés.

Aparte de los consejos que hemos visto en las secciones anteriores, veamos otras formas de hacer amigos y conservar estas valiosas relaciones.

• Desarrolla una mentalidad de crecimiento: Para hacer nuevos amigos, tienes que estar abierto a la idea y creer que eres capaz de hacerlo.

• Ábrete a nuevas experiencias: Para acompañar tu mentalidad de crecimiento, necesitas entusiasmarte por probar cosas nuevas. Si pruebas un nuevo pasatiempo o actividad con una sensación de temor, es poco probable que lo disfrutes.

- Haz una lista de amigos potenciales: Piensa en las personas con las que tienes contacto habitual y en aquellas a las que te gustaría conocer mejor. Haz un plan para iniciar una conversación con aquellos que estén en tu lista.

- Conoce a tus vecinos: Si estás acostumbrado a limitarte a saludar con la mano, intenta ir más allá y entablar una charla trivial. Recuerda que, al ser vecinos, ya tienen algo en común.

- Crea vínculos personales con tus compañeros de trabajo: Teniendo en cuenta el tiempo que pasas con tus compañeros de trabajo, es una buena idea que algunos de ellos se vuelvan tus amigos. Una vez que mejore tu confianza, podrías incluso organizar eventos en grupo.

- Aprovecha los amigos que tienes en las redes sociales: Puede que tengas contacto con los amigos de tus amigos. Puedes pedirles que te presenten o crear una red en línea utilizando la función de *personas que quizás conozcas*.

- Utiliza la escuela de tu hijo: Las reuniones de padres y profesores pueden ser mucho más amenas si tienes un amigo allí. De nuevo, conocer a los padres de los amigos de tus hijos ya supone tener algo en común.

- No des por sentado que sabes lo que piensan tus amigos: Esto se aplica especialmente a los introvertidos y a los que piensan demasiado. Si empiezas a pasar más tiempo asumiendo que sabes lo que los demás están pensando y dándole vueltas a lo que salió mal, no estarás en el presente.

- Recuerda que tus emociones son contagiosas: No sientas que tienes que fingir una sonrisa todo el tiempo; las relaciones significativas se basan en ser tú mismo, tanto en tus buenos como en tus malos momentos. Dicho esto, las relaciones que superan la prueba del tiempo cuentan con elementos de felicidad y positividad.

Ante todo, recuerda que la cantidad no es lo más importante en lo referente a tener amigos en los que puedas confiar plenamente. Que una persona tenga 500 amigos en las redes sociales no implica necesariamente que tenga conexiones significativas. Céntrate en unos pocos amigos y en relaciones de calidad. ¡Estas son las relaciones que aportarán amor, generosidad y humanidad!

CONCLUSIÓN

Es posible que, al haber analizado la comunicación tan detalladamente como lo hemos hecho, tengas la sensación de que hay demasiados elementos en juego y que resulta casi imposible aplicarlos todos bien al mismo tiempo, sobre todo si tenemos en cuenta que muchos de estos se producen en cuestión de segundos o incluso menos.

Para poder comunicarte con facilidad y de una forma más significativa, tienes que empezar a trabajar en tu confianza. Solo cuando tengas confianza en ti mismo te darás cuenta de que eres capaz. La confianza tarda en construirse, pero puedes empezar ahora mismo con cambios sencillos como adoptar una rutina saludable, desafiar tu diálogo interno negativo y practicar la gratitud.

Esto supondrá un mayor obstáculo para quienes padecen trastornos de ansiedad, introversión o timidez. Sin embargo, aplicando las técnicas indicadas para superar la ansiedad, podrás tomar el control de tu mente y tu cuerpo y evitar el modo de lucha, huida o congelación. Cuando empieces a superar los síntomas de la ansiedad en situaciones sociales, tu confianza comenzará a florecer.

No olvides añadir algunos ejercicios de atención plena a tu rutina diaria para mantenerte en el presente. La meditación guiada, los paseos conscientes y los ejercicios de *grounding* te ayudarán. Esto no solo mejorará tu confianza, sino que también reducirá los pensamientos excesivos y aumentará tu bienestar general.

En lo relativo al lenguaje corporal, mucha gente se centra solo en el contacto visual (que obviamente es importante); sin embargo, nosotros hemos aprendido cómo numerosas partes del cuerpo pueden facilitar o no la comprensión de un mensaje. Si pudiera destacar tres cosas en las que centrarse al principio, estas serían la cantidad adecuada de contacto visual, una sonrisa genuina y tener una postura abierta. El resto de las señales no verbales pueden practicarse observando y reflejando a los demás.

A estas alturas, también habrás descubierto que las charlas triviales desempeñan un papel esencial y son el primer paso para mantener conversaciones significativas. Es el momento de causar una primera impresión positiva y hacer las preguntas adecuadas para encontrar cosas en común.

Junto con la estimulante charla trivial que eres capaz de entablar y la capacidad de leer las señales no verbales de la gente, ahora sabes cómo convertir un simple diálogo en una conversación y, con el tiempo, hacer que esta se vuelva más interesante gracias al humor y las anécdotas. Solo entonces tú y la otra persona tendrán la compenetración necesaria para empezar a entablar conversaciones que impliquen sentimientos y experiencias vitales. Sin el trabajo previo, ninguno de los dos sentirá la confianza suficiente para abrirse a un nivel más profundo.

Por supuesto, nada de esto será posible si no escuchas activamente. Una conversación equilibrada requiere hablar y escuchar para que ambas partes se sientan respetadas y valoradas. Para escuchar activamente, deshazte de las distracciones, no des por sentado que sabes lo que piensa o siente la otra persona ¡y no interrumpas nunca!

Sin escucha activa, no serás capaz de asimilar el mensaje, lo que dará lugar a respuestas inadecuadas. Nada estropeará más una conversación o creará más incomodidad que una respuesta inoportuna.

A lo largo de los capítulos, hemos visto docenas de preguntas abiertas que se ciñen a temas no controvertidos para todo tipo de situaciones y relaciones, desde completos desconocidos hasta amigos. Por lo pronto, me gustaría que hicieras tres listas, cada una con siete preguntas. Una lista tendrá preguntas adecuadas para charlas triviales, otra lista tendrá preguntas introductorias o base y la lista final tendrá preguntas destinadas a llevar tus conversaciones al siguiente nivel.

Este conjunto de preguntas te dará la confianza necesaria para practicar la comunicación en cualquier situación durante al menos una semana. Anota las respuestas y las reacciones de la gente. Puede que te des cuenta de que algunas preguntas son más eficaces en distintas situaciones. Asimismo, las que no te den los resultados deseados pueden cambiarse por otras.

Independientemente de cuáles hayan sido tus barreras comunicativas, ahora estás preparado para desmantelarlas poco a poco. Lo que antes era un problema y te causaba malestar, empezará a convertirse en algo más natural e incluso agradable. Deja ir las ideas preconcebidas y los prejuicios que has formado en tu mente. ¡Los resultados serán épicos!

Por último, no olvides que una conversación eficaz y significativa es una calle de doble sentido. Esto quiere decir que no todas nuestras interacciones serán siempre fructíferas. No tienes por qué cargar con la culpa de esto. Todo el mundo tiene sus propios demonios e ideas preconcebidas que imposibilitan una conversación fluida. Concéntrate en lo que puedes cambiar para perfeccionar continuamente tu arte de comunicarte y brillar más en cada situación social.

Hasta ahora te he transmitido mis propias experiencias y conocimientos y, como he dicho en este libro, la comunicación es solo el primer paso. El verdadero vínculo social se producirá en la conversación, lo que me lleva a afirmar que, sin tus palabras y puntos de vista, este libro nunca será un diálogo bidireccional.

¿Cómo puedes cambiar esto? Simplemente dirígete a Amazon y deja tu opinión y tu experiencia a la hora de mejorar tus habilidades comunicativas. Me encantará conocer tu viaje, pues me permitirá ponerle un broche de oro a la significativa aventura que iniciamos juntos a partir de la introducción.

BIBLIOGRAFÍA

4 steps to change your words, change your life | Tony Robbins. (2022, April 29). tonyrobbins.com. https://www.tonyrobbins.com/mind-meaning/change-your-words-change-your-life/

23 Tips to Be Confident in a Conversation (With Examples). (2022, February 3). SocialSelf. https://socialself.com/confident-conversation/

A Guide to Productively Communicating Your Feelings. (2022, March 16). Psych Company. https://www.psychcompany.com/2019/productively-communicating-your-feelings/

Are You Too Quiet? Understanding Shyness. (n.d.). https://www.betterup.com/blog/what-is-shyness

Barnard, D. (2018, January 20). *Average speaking rate and words per minute.* Virtual Speech. https://virtualspeech.com/blog/average-speaking-rate-words-per-minute

Berkman, L. F., & Syme, S. L. (1979, February). *Social networks, host resistance, and mortality: A nine-year follow-up study of Alameda County residents.* National Library of Medicine. https://pubmed.ncbi.nlm.nih.gov/425958/

Clear, J. (2018, July 26). *Body Language Hacks: Be Confident and Reduce Stress in 2 Minutes.* James Clear. https://jamesclear.com/body-language-how-to-be-confident

Colin, C., & Baedeker, R. (2022, October 16). *How to turn small talk into smart conversation.* ideas.ted.com. https://ideas.ted.com/how-to-turn-small-talk-into-smart-conversation/

Davis, K. (1947, March). *Final note on a case of extreme isolation.* JSTOR. https://www.jstor.org/stable/2770825

Edwards, V. van. (2021, October 25). *Learn the 5 Levels of Social Cues with Jordan Harbinger.* Science of People. https://www.scienceofpeople.com/social-cues/

Edwards, V. van. (2022, January 19). *The Ultimate Guide To Making a Great First Impression (even online).* Science of People. https://www.scienceofpeople.com/first-impressions/

Giles, L. C., Glonek, G. F. V., Luszcz, M. A., & Andrews, G. R. (2005, July 1). *Effect of social networks on 10 year survival in very old Australians: the Australian longitudinal study of aging.* Journal of Epidemiology & Community Health. https://jech.bmj.com/content/59/7/574.full

Gurteen, D. (n.d.). *Listen with the intent to understand.* Conversational Leadership. https://conversational-leadership.net/listen-to-understand/

Hariri-Kia, I. (2020, September 5). *Your Holiday Guide to Small Talk, According to 3 People Who Do It for a Living.* Repeller. https://repeller.com/small-talk-tips/

How to Carry a Conversation — the Art of Making Connections. (n.d.). https://www.betterup.com/blog/how-to-carry-a-conversation

How to Have Deeper and More Meaningful Conversations. (2022, January 6). Medium. https://medium.com/@joshfelber/how-to-have-deeper-and-more-meaningful-conversations-f1d254bf066e

How to Start a Conversation. (2022, November 22). Verywell Mind. https://www.verywellmind.com/how-to-start-a-conversation-4582339

Inside Higher Ed. (2016, May 18). *How to keep emotions from leading your communications (essay).* https://www.insidehighered.com/advice/2016/05/18/how-keep-emotions-leading-your-communications-essay

Kelly, A. (2017, October 3). *The psychology of first impressions.* Imagine Health. https://imaginehealth.ie/psychology-first-impressions/

Kishore, K. (2021, August 13). *Why Are Social Skills Important?* Harappa. https://harappa.education/harappa-diaries/meaning-and-importance-+of-social-skills/

Make Deep & Meaningful Conversations. (2021, December 7). Get the Friends You Want. https://getthefriendsyouwant.com/make-deep-meaningful-conversations/

Miller, K. (2021, November 18). *12 Tips for How To End a Conversation Instead of Dying a Thousand Deaths in Moments of Awkward Silence.* Well+Good. https://www.wellandgood.com/how-to-end-conversation/

MindTools | Home. (n.d.). https://www.mindtools.com/az4wxv7/active-listening

NHS website. (2022, March 29). *Social anxiety (social phobia).* nhs.uk. https://www.nhs.uk/mental-health/conditions/social-anxiety/

O'Bryan, A., PhD. (2022, November 18). *How to Practice Active Listening: 16 Examples & Techniques.* PositivePsychology.com. https://positivepsychology.com/active-listening-techniques/

Roberts, D. (2019, December 30). *Why small talk is so excruciating.* Vox. https://www.vox.com/2015/7/7/8903123/small-talk

Sandstrom, G., & Dunn, E. (2014, May). *Is efficiency overrated.* Researchgate. https://www.researchgate.net/publication/278098105_Is_Efficiency_Overrated

Shi, M. (2020, April 17). *Associations of emotional intelligence and gratitude with empathy in medical students - BMC Medical Education.* BioMed Central.https://bmcmededuc.biomedcentral.com/articles/10.1186/s12909-020-02041-4

Siggins, K. (2022, October 16). *How To Be More Confident When Talking To People.* Everyday Power. https://everydaypower.com/be-more-confident-talking-to-people/

Steiger, N. (2019, October 15). *"The single biggest problem in communication is the illusion that it has taken place." George Bernard Shaw*. Nancy Steiger. https://www.nancysteigerconsulting.com/thinking-out-loud-1/2019/10/15/the-single-biggest-problem-in-communication-is-the-illusion-that-it-has-taken-place-george-bernard-shaw

The Scientific World. (2020, December 27). *The Importance of Communication Skills in Everyday Life*. The Scientific World - Let's Have a Moment of Science. https://www.scientificworldinfo.com/2020/12/importance-of-communication-skills-in-everyay-life.html

Small Talk Topics. (2022, February 14). Verywell Mind. https://www.verywellmind.com/small-talk-topics-3024421

Some Thoughts On The Point Of Small Talk | www.succeedsocially.com. (n.d.). https://www.succeedsocially.com/smalltalk

Specktor, B. (2021, July 26). *9 Magic Phrases That Can Save Awkward Conversations*. Reader's Digest. https://www.rd.com/list/conversation-skills/

The Balanced Conversation Cycle. (n.d.). Revolution Learning and Development Ltd. https://www.revolutionlearning.co.uk/article/the-balanced-conversation-cycle/

Thompson, J. (2011, September 30). *Is non-verbal communication a numbers game?* Psychology Today. https://www.psychologytoday.com/us/blog/beyond-words/201109/is-nonverbal-communication-numbers-game

Types of Nonverbal Communication. (2022, October 12). Verywell Mind. https://www.verywellmind.com/types-of-nonverbal-communication-2795397

www.ingramcontent.com/pod-product-compliance
Lightning Source LLC
LaVergne TN
LVHW010327070526
838199LV00065B/5677